Cordeiro da Mata Paulo

Pregão da Zunga e Outros Lamentos

Cordeiro da Mata Paulo

Pregão da Zunga e Outros Lamentos

JustFiction Edition

Imprint
Any brand names and product names mentioned in this book are subject to trademark, brand or patent protection and are trademarks or registered trademarks of their respective holders. The use of brand names, product names, common names, trade names, product descriptions etc. even without a particular marking in this work is in no way to be construed to mean that such names may be regarded as unrestricted in respect of trademark and brand protection legislation and could thus be used by anyone.

Cover image: www.ingimage.com

Publisher:
JustFiction! Edition
is a trademark of
International Book Market Service Ltd., member of OmniScriptum Publishing Group
17 Meldrum Street, Beau Bassin 71504, Mauritius

Printed at: see last page
ISBN: 978-613-9-42430-6

EM 1 246 700 km²

Uns Ali

Gamam. Babá aqui

EM 1 246 700 km².

Irmãos, nossos

Transformados em ossos /Vocês Colossos.

Sem pão

Todos temos razão…

Em 1 246 700 km².

Estamos a minguar

Doutores detractores…Arquitectos da nzâla.

Jáia, kizûa jiza.

E restabelecer a ordem. A nova!

Acordarmos.

Em 1 246 700 km².

Kilu kejiê jipàxi, nzâla kejiê málâmba.

Mas…Fome é dor/dissabor.

Como dizia o Jakim: Úkâmbu ùa pôko, Kitându a kibútila!

Em 1 246 700 km²

…Ême ‘mbua.

O FRIO E O CANDINGOLO

O CIO E O GOLO

O FRIO E O SOLO

O Fio-de-prumo DO MEU CONSOLO...

COMO TODO MWENANTE,

DESAVISO!

PREGÃO DA ZUNGA!

(Altifalante ligado)...Me pergunta na minha banheira...Hoje tem: Tabuleiro de XADREZ NACIONAL com várias estratégias de PRESIDENTE, Ex-presidente!

JLo saiu com as brancas e fez abertura.

JOES com as Pretas em resposta não simétrica contra-atacou com Cavalo...

E TODOS à espera do próximo Lance...Me pergunta só!

Pensamentos concentrados no choro do Abel prostrado sem arrependimento, no Kain, Kain dos raivosos cães DESBUSSOLADOS que passam pela porta do CDUA (Centro desportivo Universitário de Angola) e com a cauda, dizem NÃO a prevenção da vacina. Que tenham calma...Os maiores e vacinados...A ampulheta não para!

SINAIS DA CENTRALIDADE DO KILAMBA

Agora percebo...Entendo o "desaparecimento" de alguns nomes que constavam da LISTA publicada pelo "nosso" JORNAL DE ANGOLA...Prevejo também que algumas QUILUMBAS foram "BURLADAS" pelos seus "QUASE NOIVOS". Os MUADIÉS até hoje não conseguem apresentar os MADUCOS do tal APARTUCHA que lhes foi oferecido com "MUITO AMOR" sem "NADA" receber em troca. MAKA DO KAYAYA, aliás DO KILAMBA!

Ontem, derramado o leite.

O azedo iogurte estrume (seja) o do costume, hoje!

Pelo nível de protecção oferecida pela Policia Nacional, vou tb importar à KILUNZA* para defesa pessoal!

*Arma de fogo.

Numa das minhas visitas ao cemitério do Alto das Cruzes, visitei a área em que repousam os restos mortais dos "heróis" do 27 de Maio de 1977 e reparei que há duas (2) campas sem as Lápides dos ditos cujos. O que se passou? Foram despromovidos? Ou a "HISTÓRIA" já foi bem contada?

Café com borras de manteiga...

Ó que coisa meiga!

Eu, a vertigem, (d) os preços ALTOS do GRUPOSEMPREASUBIR, ca (u) sam EM mim fome e dor!

Da Turquia quero os banhos,

Mas por enquanto não posso, nem forço!

ABREU, O POEMA!

Aqui desacreditam quem usa caqui...Lá não hesitam de Praxe, acreditar no Obreiro desbravador PAXE!

COMO NASCEM, os descontentes, anarquistas, prepotentes, activistas, os intolerantes, os comunistas...Os Imperialistas, anarquistas, os descendentes, sem dentes, os intriguistas, fadistas, vigaristas, dementes, insolentes, descrentes...Virgens ladrões, sem pulmões, à rir, sem rins, sem fins...Predestinados orientados a noite, de dia, com sol, com chuva...Os prazeres, as dores, os odores, os horrores, os nomes?

DESILUSÃO!

1974, para mim foi o começo da desgraça que vivemos até hoje, quando acreditamos nos nossos irmãos que vinham das matas, como cantou o português ZECA AFONSO na música O HOMEM NOVO QUE VEIO DA MATA que dizia assim: Um homem novo
Veio da mata
De armas na mão
Não é soldado
De profissão
É guerrilheiro
Na sua aldeia
A mãe o diz
Duma fazenda
Faz um país
Colonialismo
Não passará
Imperialismo
Não passará
Veio da mata
Um homem novo
Do M. P. L. A. (...)
E por aí nos fomos iludindo, pois os que vinham da mata, não tinham noção de país. Quase todos dos que regressaram, nunca tinham tido um "emprego" na vida. Quando foram para as matas, alguns, eram menores de idade. Outros delinquentes, altamente perigosos procurados pela Policia de Segurança Pública, por terem cometidos os mais variados crimes, encontrando na "mata" à salvação. Depois do 25 de Abril de 74, regressam todos num único pacote, o de COMBATENTES CONTRA A OPRESSÃO (Os bons e os maus). Continuando a escutar à, música do ZECA a dada altura diz: A cor da pele
Não é motivo
Pra distinguir
Angola nova
Só há que unir
Se novos donos
Querem pôr tronos

No teu país
Dum guerreiro
Faz um juiz (...)
E lá fomos ao Aeroporto General Craveiro Lopes, hoje 4 de Fevereiro de braços abertos receber os "heróis" e escancarar às nossas casas para acomodar os que tinham lutado pela nossa "liberdade". Penso até hoje, que foi um mau passo. Devíamos ter conversado mais, para compreender melhor a que propósito eles vinham. Môna mu mâla kâna mûtu u muijia se riiala, ânga muhatu. (1) Porque mais tarde, descobrimos que o GRUPO DE SEM NOÇÃO DE PAÍS, era enorme. TODOS JUNTOS E MISTURADOS! Descobrimos, muito tarde, que lá onde saíram nunca se entenderam. Trouxeram nas mochilas, toneladas de maus feitios. Hoje, depois de mais de quarenta anos, chego a conclusão que se hoje estamos nesta desgraça, à culpa também é nossa que os recebemos e franqueamos as portas das nossas casas, para que nos tirassem o pouco que alguns tinham amealhado com suor do seu esforço. O malfeitor quando te entra em casa é porque encontrou a porta aberta, ou forçou a fechadura e em passos silenciosos e coordenados, "Divide" connosco o que nunca conquistou com sacrifício, Mas no nosso caso, penso eu, estávamos embriagados pela tal LIBERDADE!
E ESTAMOS A PAGAR ATÉ HOJE, O PREÇO DA NOSSA DISTRAÇÃO!
N'GA KIJIRILIAMI, SE N'GA KIJIRILE NGOZO KU KIBÁNGAMI. (2)

(1)Quando a criança está no ventre ninguém sabe se é macho ou fêmea.
(2) Não sabia, se soubesse não faria.

PÉ NA COVA

Todos sabem que não sou de ir a enterros de queridos e ente queridos, facilmente. Mas há dias e momentos que são impossível recuar, como foi o caso de ontem depois de ter esquivado relembrar que ali será brevemente, eternamente, o lugar fixo, a última residência fixa com número da "Rua, porta" e demais endereços que nos bairros por onde ando, está difícil adquirir.
Mas como ia escrevendo, ontem estive no cemitério do Benfica, o tal maior de África e arredores. O que "tem luz eléctrica e água potável" para alguns iluminados do meu país é uma grande obra, quando nos devíamos orgulhar de termos o menor número de mortos, pelo menos na SADC. Mas, outras makas.
Depois de lá ter estado a assistir inúmeros cortejos de corpos inertes em caixões de alta e baixa renda, como se isso nos diferencia-se depois de "esticarmos o pernil", assim como a diferenciação das zonas de enterros que são reservados para os BOSS e os pés descalços, devido a diferenciação de preços e do local que é mais cuidado que os outros,
Como ainda levou algum tempo, para que se realiza-se o enterro da pessoa que resolvi acompanhar até a última morada, fiquei a saber mais sobre a dimensão das covas que, afinal existe um tamanho padrão, mas que que nunca cabe o caixão de primeira, pois é sempre necessário mandar aumentar para que o coveiro "ganhe " algum para o seu sustento.
É que no "campo santo", como alguns ousam chamar, os choros também dependem do estatuto social. Existem os choros de baixa e alta renda, desde o Aiué ao Ai! Como disse o outro: Taras e manias.
E lá também se vai ouvindo conversas de coveiros, sempre esperançosos em mudar de vida, sonhando em enriquecer na sua nobre profissão. Mas enquanto vivos tudo é possível. Depois de mortos, nada. Numa das conversas que ouvi entre eles, coveiros é que enquanto cavam os lares para alguns de nós que "desistem" desta vida, apareça uma pedra. Pois pedra de diamante que lhes mudará a vida para melhor, ou quiçá para sempre. Razão pela qual um dos que já não faz muitas covas, supervisiona, está sempre a perguntar aos demais se não encontram nada. O interpelado, que já me conhecia do cemitério da Santana, solta uma gargalhada e diz ao seu colega: Meu camarada, se aqui aparecer alguma coisa será só para mim, meto na boca e desapareço. E depois de alguns minutos de pausa, retoma o assunto

dizendo; Mas você acha mesmo que se aqui tivesse alguma coisa, isso já teria sido cercado pela UGP e o cemitério já teria acabado e nós obrigados a tirar daqui os corpos já sepultados.
Suspirei.
Depois de termos terminado com a nossa cerimónia, já de regresso a porta principal do "famoso" cemitério do Benfica, naquela passada dolente, começamos a ouvir: Agarra! Agarra! Alguns a comentarem em antecipação, estávamos de costas viradas, até aqui gatunos! Resolvemos virar e prestar a nossa solidariedade na apanha do larápio, mas qual o nosso espanto, o dito cujo era um COELHO que devia estar escondido num buraco seu, e resolveu ir passear. Os coveiros unidos do Benfica que resolveram fazer uma caçada na hora, abandonando algumas covas com exéquias iniciadas. Depois de muita "Berrida" desconseguiram o feito. O "Cabulo" conseguiu livrar-se de ser o prato do dia "COELHO À COUVEIRO".
Recordei-me do kota Rui Zuzarte de Mendonça no século passado quando da leitura do elogio fúnebre de um dos seus (Sebastião José da Costa) ... A dada altura disse: E VÓS COVEIROS NEGROS, A ÚNICA PROFISSÃO ONDE NÃO TENDES CONCORRENTES, SALVAI A RAÇA PORQUE A PÁTRIA ESTÁ PERDIDA!

PREGÃO DA ZUNGA!

(Altifalante ligado) Me Pergunta na minha Banheira, hoje tem: Repolho, tomate, catatu... Uns MUXOXOS" fresquinhos "para apimentar as conversas sobre as aquisições de JOGADORES no período da Nvula, pois na Europa são às de inverno e por cá até ao início do campeonato (ELEIÇÕES) haverá muitas mudanças de CAMISOLA...Me pergunta só!

CRISES

A minha Cadela está em CRISE.
A minha vizinha descobriu hoje, que a filha teve uma CRISE na Escola.
Ngonguita deu CRISE, através da fome.
A CRISE encostou no muro dos balados.
OS NGOMBIRIS NGANVIVIS, estão a aproveitar-se da CRISE dos fobados.
A exportação de ideias está em CRISE.
Debates são uma CRISE.
Os abates estão por dentro da CRISE
Idiota não sai da sua CRISE
Os patriotas estão sem causa, em nome da CRISE.
Proclamado já, o ESTADO CRISE S.A.
Acamado o Povo que vota-elege, a CRISE da nova constituição.
As comissões estão CRISE
Familiarizamos a CRISE.
Badamerda Pra CRISE!
3-12-2015

JISELENGENIA*

Íma ia mundu kúbua.
Tudo no mundo acaba.
Jámbêle, kiki játûla.
Os que murmuravam, agora se cansaram.
Uangámbêle, sônhi ja mukúata.
Quem mal de mim falava, anda envergonhado.
...
Úaxêri, nânhi (Ou mukúanhi) úaxéle(ou ua kêxile) sê kungâmba.
A pessoa de quem não se desconfia é que fala mal de nós.
Íma ia mundu kúbua.
Tudo no mundo acaba.
jámbêle, kiki játûla.
Os que murmuravam, agora se cansaram.
...
Múene ngó, ka mesenê mukuâ.
Quer só para si, nada quer para os outros.
Mûtu uijia kua tûnda, kejiê kúoso kúaia.
Uma pessoa sabe d'onde vem, não sabe aonde vai.
Íma ia mundu kúbua.
Tudo no mundo acaba.
Uangámbêle, sônhi ja mukúata.
Quem mal de mim falava, anda envergonhado.
Íma ia mundu kúbua.
Tudo no mundo acaba.
Etuoso ètu amôxi (etúene a môxi)
Todos nós somos iguais.

Joaquim Dias Cordeiro da Mata/Paulo Cordeiro da Mata
* Ditos Populares satíricos ou alusivos.

A NOSSA RELAÇÃO COM À MAMADEIRA!

Segundo especialistas, as vacas leiteiras, como as das raças jérsei, holandesa e pardo-suíça, são capazes de dar leite por mais de dois anos após o nascimento da cria. A NOSSA CRIA nasceu há 26 de Setembro de 2017 e com pouco leite. Parto que quase todos aplaudimos! Mas, alguns cidadãos angolanos pensaram que a MAMA fosse AD ETERNUM e não se esforçaram em preparar o dia seguinte E melhorar o seu posicionamento perante a sociedade (Estado).Alguns, não quiseram mesmo por ORGULHO (Coisa que mata)! Ainda segundo especialistas, o tempo exacto da mama na VACA, depende da característica genética de cada animal. Pois, o nosso animal já com 42 anos no lombo demonstra algum desgaste também não conheço uma vaca com essa idade, mas tudo pode acontecer. Hoje assistisse à uma choradeira (BERROS) a beirar à esquizofrenia. Fazendo braços de ferro em coisas que pertencem há todos nós e que só alguns, sentindo-se eleitos, querem continuar ABOLETAR! (Foi revisto o controlo dos frangos do aviário que nos dão OVOS DE OURO, por entre outras coisas...)! Para os DESESPERANÇADOS, os entendidos dizem que após o desmame, desde que estimulado pela ordenha manual ou mecânica, o animal continua a produzir leite por um período curto. O que à " nova cria" nos está dar a perceber, NADA SERÁ COMO ANTES! Dizia, para ser prolongado, é preciso que depois do desmame – que ocorre, em média, após 60 dias (Já aconteceu) no caso do gado de leite – a mama do animal seja estimulada pela ordenha que significa trabalho (saber fazer) com competência.
Por tudo isso, mãos ao trabalho e HONREMOS A PÁTRIA!

P.S. A VACA SÓ DÁ LEITE QUANDO ESTÁ A AMAMENTAR!

PREGÃO DA ZUNGA!

(Altifalante ligado) ME PERGUNTA NA MINHA BANHEIRA... Hoje tem: Folha de Santa Maria para CLISTER, óleo de rícino, JOIO, óleo de jiboia para tratar hábitos de GATUNICE,TRIGO limpo, óleo de mupeque para TRATAR BICEFALIA*...E muita DEMAGOGIA. Me pergunta só!

*BICEFALIA no MPLA

NA ESQUINA DO BECO...

Revejo os carros com muitos cavalos, desportivos...Lindos com recados: SE GOSTOU LIGA+244 00 00 00! A passarem um a um, (espaço pequeno com um só sentido, o beco) pertencentes aos ESCOLHIDOS para enriquecerem e gerarem empregos...Oportunidades TODAS lhes foram dadas (Até no negócio do satélite) Agora, vejo-os passar cabisbaixo e em ralentim, por não terem conseguido honrar os juramentos e as promessas feitas em LUGARES diversos como (Des) GOVERNANTES... E pela desonra trazida das empresas montadas como S.A; S.A.R.L, LDA, e Filhos ou & SONS...Depois do BALANCETE, concluírem que em tudo foram MAUS com os seus e à Pátria que os pariu!...Como ouvi lá em casa: MAS VALE UMA LAMBULA EM SOSSEGO, DO QUE UMA GAROUPA EM SOBRESSALTO!

Lixo

Meu inimigo
Lixo meu, agora amigo, vizinho…
Quase parente…
De estimação não te quero.
Quero-te longe, distante talvez…
Meu, nosso inimigo de lixo…
Para que te quero?
Vai fazer ricos os novos planos para te recolherem…
Não me arrastes, nem me acompanhes com a fragância do teu fedor.
NÃO ME LIXES!

(Cansado de ti)
2-9-2015

CONVERSAS NO KANDONGUEIRO!

Rota: Cassequel do BURACO/Morro BENTO
Abre a porta...Fecha a porta e VIBRA o telefone do Sô Passageiro e ele atende: Sim...Sim, diz ele...Euuuuuu?continua ele a dizer. SILÊNCIO TOTAL (Fofoqueiros atentos)...Mais tarde rebenta: Não sou desses...Afinal não me conheces MIUX! Euuuu? Desligou e começa a refletir alto e bom som (Para todo mundo ouvir)...Mas isso não é azar? Pergunta mas ninguém responde...Continua...Ontem gastei o dinheiro do leite dos miúdos para ir comprar um presente pra TIPA...E hoje vem com insinuações de que" às flores eu comprei no arreiou-arreiou do Cemitério", na fita estava escrito (R.E.P) REPOUSA EM PAZ! O Kobele desabafa: Ganda estrilho ! E o Sô Passageiro diz: cala-te! E continua a revelar os Xingamentos do telefone - Um gajo até fica de boca pra Nuca...E teve o desplante de me acusar de me envolver com a melhor amiga dela, porque às duas receberam os Bouquets ao mesmo tempo e no da Kamba vinha escrito o nosso nome de carinho nunca antes revelado! CêTê, que dito com muito carinho é COME TODAS...Há tentativas de soluços para soltarem gargalhadas, mas o Sô Passageiro faz uma revista geral e todos desmarcam o sorriso...O Motorista trava e avança...E naquele quase silêncio...Vibra o telefone do Sô Passageiro de novo e ele atende e diz: Não...Não...Não...Logo vi...Pois...Não! Desliga e comenta: Afinal aquela chamada não era para mim...Foi cruzamento de LINHA! Aí o Kobele brava e Diz: Hum! nos fizeste só ficar calados a pensar que haviam de te rebentar quando chegasses a casa, afinal é engano...Até a minha sobrinha já ultrapassou a paragem dela para ouvir a cena... E GRITA: Aqui! Abre a porta descem dois passageiros e sobem três...Fecha a porta e...ARRANCA!

UM KANDÂNDU

Eu, DEFICIENTE VISUAL comecei a passar por Alguns Outdoors que faziam referência à mais uma nova cadeia de SUPERMERCADOS apelidados CANDANDO. Mas tentei, tentei ver imagens que sugeriam ABRAÇOS. Penso que o texto e a imagem não estão a falar. A comunicar entre si. Porque, por tudo o que sei da língua angolense Kimbundu. Recordo-me de ter lido no DICIONÁRIO DE ENSAIO DE KIMBUNDU-PORTUGUÊS do Século XIX de Joaquim Dias Cordeiro da Mata que por destino sou familiar. Estava escrito que KANDÂNDU significa ABRAÇO; Kubana KANDÂNDU= Abraçar; Kuribana KANDÂNDU = Abraçar-se. Gostaria que me explicassem, que língua está a falar à nova rede de Supermercados?
ATT: Eu sou DEFICIENTE VISUAL.

...Não conheço a senhora Ex-polícia, que foi expulsa da corporação, por ter trocado a "Honra" por MIL E QUINHENTOS KWANZAS . O único grau de proximidade e identidade é a de sermos ANGOLANOS, assim como o senhor EX-POLICIA que também foi condenado, presumo que tenham sido julgados, sem no mínimo ter sido aberto um PROCESSO DISCIPLINAR, como "aconselha" a lei. Mas mesmo assim que DIREITO tem a Televisão Pública de Angola (TPA) de expor os referidos senhores, reiteradamente, quando BANDIDO/ASSASSINO confesso, é lhe resguardada a imagem, em nome da tal PRESUNÇÃO DE INOCÊNCIA? Serão estes senhores, com IDENTIDADE, FAMÍLIA E PÁTRIA, por terem dado o PRIMEIRO PASSO "para o abismo", bandeira para a moralização da nossa sociedade?

Parem com essa Merda!

LEMBRETE:

Para os que antes de 23 de Agosto de 2017 já eram Nguvulus e foram reconduzidos, mas hoje abrem a boca de espanto e com muitos Ai, Ai! (Qual virgem) como se fosse a PRIMEIRA VEZ...Estou a ficar FARTO de vos ver fazer um papel que não está no script da NOVA ERA, quando vocês tal como antes, continuam com a mesma identidade (Não quero falar da dupla nacionalidade) FINGIAM que connosco viviam, e nós na nossa sobrevivência permanente! Hoje, regressam às SALAS DE CINEMA para nos VENDEREM FANTASIAS de tudo aquilo que nunca Viram, sentiram, ou suspeitaram de que as coisas ESTIVESSEM ASSIM TÃO FEIAS! Mesmo com aquela imagem torpe dos vidros escuros dos carros em que andam com MEDO da sarna, lepra, do ABRAÇO do POVO que vos elegeu. Mas por masoquismo, querem ouvir os nossos lamentos, choros ao vivo e a cores, como a toalha que decora a mesa da vossa IMPONÊNCIA. Estão todos perdoados, nós insignificantes SERES perdoamos, mas não ESQUECEMOS!
VOCÊS NÃO SABIAM, HABITAVAM ALÉM!
DESEMBARQUEM, JÁ

A pensar, a pensar no desenvolvimento do Turismo Interno (TI), para ajudar ahahahahah ALAVANCAR a economia nossa, melhorar na diversificação e outros desejos-Como se tivéssemos todos o direitos de desejar...- recentes, que com ou sem GRAVATAS são "Expelidos" e descubro, pois é... Os nossos dirigentes NÃO ACREDITAM, nas potencialidades "Turísticas" do" nosso" País! Então porque nos tentam vender INVERDADES? Do Nº ZERO ao MIL, para não dizer " Que me gabo", as "Ricas Férias" são GOZADAS fora do território angolano. É que tem dias que me dá para pensar, pensar...

PREGÃO DA ZUNGA!

(Altifalante ligado) ME PERGUNTA NA MINHA BANHEIRA... Hoje tem: Fuba, quiabos, kizaka, alho, FLOR DE RAIZ que cura Makulo, abóbora, cebola, mamão para tirar PRISÃO de ventre, gatunos que roubam dinheiro dos MEDICAMENTOS e não vão para à cadeia. Tudo ao preço da igreja...Me pergunta só!

PREGÃO DA ZUNGA!

(Altifalante ligado)...Me pergunta na minha banheira...Hoje tem: Tinta transparente, balança para cascalho, mexilhões, seguilhões...Balança inclinada para justificar justiça nos actos e Lupa para ler melhor os factos...Pilhas para Rádio que toca aquela música de Carlos Lamartine Santos Costa e Letra de José E. dos Santos: QUE FARÁS TU? "Se algum dia, se algum dia! Invadirem às tuas Fronteiras, que farás tu? Que farás tu angolano? Me pergunta só!

DEPOIS DO QUE VI ONTEM...

Agradeço a solidariedade prestada via facebook, telefone e caralmente, como diria o outro.Depois de ter escrito sobre o roubo que fui vitima, em minha casa que antes era uma Rua sem nome, e que depois de ter frequentado durantes 3 dias a esquadra da camuxiba, com o “Sonho” de recuperar os haveres que me haviam sido surripiados, por larápios até hoje desconhecidos, afinal vivo na Rua da Igreja!

Como sabem, o roubo aconteceu numa madrugada de Domingo. Prontamente fui a esquadra mais próxima apresentar queixa. A que não me está a mão é a da “Passadeira do Antigo Controlo”, assim é chamada, identificada. Depois de lá ter esperado pelo chefe do turno, que depois de me ter feito algumas perguntas, prontificou-se em acompanhar-me ao local do crime para fazer o respectivo levantamento operacional do ocorrido, pensei. Mas para meu espanto o solicito agente, não tinha transporte, só eu não sabia. Lá tive que o levar, para fazer o seu serviço que é prestar ajuda ao cidadão, mesmo que seja com meios alheios. Chegados a minha residência, foi logo fazendo perguntas ao "Guarda" que estava de serviço sobre o acontecido. Perguntas e mais perguntas e vistorias na vã tentativa de encontrar impressões digitais ou marcas que facilitassem a identificação dos gatunos e... foi descoberto impressões no Plasma que está no quintal, mas ele não tinha meios para fazer a recolha. Decidiu então, irmos a esquadra da Camuxiba, com o "guarda", para lá, segundo o Agente da polícia. Havia técnicos para darem continuidade ao trabalho com mais perícia. Mentira! Não havia nenhum agente dos SIC (Serviço de Investigação Criminal) disponíveis ou em serviço. Primeira medida, depois da frustrada tentativa de encontrarmos agentes especialistas, foi colocar o" Guarda" na Kionga, com o habitual pedido do cinto e acessórios e leva-lo até ao seu posto, dizendo que; Domingo era um péssimo dia, pois a procuradora de serviço, e os agentes dos SIC só no dia seguinte se faziam presente ao serviço.

Segunda-feira logo pela manhã, estava lá eu, e tive a sorte de encontrar a malta dos SIC, que também todos cheios de cortesia me foram ouvindo, anotando, reperguntando...e decidiram que deviam fazer uma visita ao local...Como já devem perceber, o meu carro foi o veículo escolhido. Depois de várias averiguações, chegaram a conclusão que não estavam com os instrumentos para fazerem bem o seu trabalho. Do crime, restava simplesmente as tais digitais no Plasma/TV. Depois de várias chamadas telefónicas, concluíram que naquele período não havia nada a fazer. Melhores horas viriam, porque o Distrito da Samba só tinha um técnico especialista criminalista e que estava muito ocupado. Mas brevemente, aí estará para fazer o seu honrado serviço...Coisa que só aconteceu quarta-feira quando já não havia esperança, porque o local já estava todo contaminado, as provas, penso, já não serviriam. Mas mesmo assim lá esteve o técnico com o seu colete e maleta, com os apetrechos das series CSI.

Lançou pó, colou fita e levou as ditas impressões digitais, que segundo ele, haviam de fazer uma comparação com a base de dados dos serviços de identificação (Que segundo me disseram não funciona), e aí teríamos o larápio, coisa que estou a espera até hoje, 3 semanas depois.

Ontem na Vila Alice, em que levaram, Drones, Cães ...Homens armados de todas as especialidades que a nossa polícia tem, e os bandidos fugiram nas suas barbas. Acho que o meu caso é perdido.

PREGÃO DA ZUNGA!

... (Altifalante ligado)...Me pergunta na minha banheira... Hoje tem: Lápis de cor, CADERNO liso para CONCORDATA, QUADRICULADO, histórias cantadas e contadas em SEBENTAS, Porta Mina 4.3, régua de 20, 40 e 50 Cm. Sementes de Espatódea Tulipeira de origem gabonesa, para embelezar a cidade...CARTILHA de ética e conduta, GUIA de denúncia de indícios de corrupção, MANUAL sobre o índice de percepção à CORRUPÇÃO... E outros PESADELOS SONHOS. Me pergunta só!

...Quando chover. Daquelas Nvulas GUDAS, bem grandes que até os técnicos do INAMET vão rechamar Torrenciais...Vou mobilizar todos os meus kâmbas para apanharmos todas as gotas que caírem e DOARMOS ao Ministério de Energia e Água, para que nunca mais nos falte LUZ eléctrica e Truz!

A PERGUNTA QUE NÃO FIZ AO CAMARADA LARA

...Por entre outras coisas da minha vida pouca, tive o privilégio de conhecer alguns heróis nossos da liberdade, como Joaquim Henriques Monteiro (Xuxudo), José Martins Monteiro(Rui), Mário Soares de Campos(Dadinho),Nani João Baptista, Mário Simões Torres, António de Meneses Monteiro(Antoninho),Sebastião Soares da Silva, Madalena Elisa Martins Monteiro, Francisco Bragança(com X) Carlos Alberto Martins Monteiro(Tó-Toy) e com o mesmo ADN, Ciros Cordeiro da Mata e Ana de Miranda Martins Monteiro Cordeiro da Mata(Kuto) que possibilitaram contactos com Godfrey Nangonya, Gentil Viana ,Daniel Júlio Chipenda, Holden Roberto, Almerindo Jaka Jamba, Manuel Videira, Mário Leonel, Dimbondwa, Alexandre Rodrigues(Kito), Ismael Abraao Gaspar Martins e o grande Mário Coelho Pinto de Andrade que tive a honra de ser amigo ou melhor, de ele me ter oferecido a sua amizade em Cabo Verde em que me fez algumas revelações que foram divulgadas por mim e colocadas em livro pelos meus Companheiros Drumond Jaime e Helder Santos Barber, depois da confirmação pelo também amigo meu, Joaquim Pinto de Andrade que a fundação do MPLA não tinha sido em 1956, mas sim em 1960. Na altura em que conversava com o Mário Pinto de Andrade, estava presente a Dr.ª Elisa Andrade na esplanada do Hotel Praia Mar em 1989/90. De entre muitas perguntas feitas ao Mário Pinto de Andrade sobre o MPLA e os seus problemas. Uma delas foi a seguinte: Porquê que vocês escolheram o 10 de Dezembro como data da Fundação? Ele, Mário, respondeu-me com as seguintes palavras: PERGUNTA AO LARA. Coisa que nunca fiz, porque quando os meus camaradas Hélder Barber e Drumond Jaime foram fazer a entrevista para o Programa da RNA "FOI HÁ 20 ANOS", não estive presente e nunca mais tive oportunidade de conversar com ilustre figura que nos ajudou a compreender melhor o porquê da luta pela liberdade e o respeito pelos símbolos que foram criados com muito esforço.

Até Breve, Camarada Lara!

CHUVA S.A.R.L

Caiu para salvar a sede da secura em que nos deixa a tal da EPAL.

A burra da Helena e outros milhões de citadinos agradecem, o banho.

Paulo do São Paulo, também muito agradecido...

Pedro de São Pedro da Barra, também bastante esclarecido, aguentou!

Poupemos o que conseguimos, hoje...Amanhã talvez!

P.S. Só faltou o sabão MACACO

AINDA EMBRIAGADO PELO SATÉLITE!

A tentar olhar o Sol de frente, quase que apanho uma cegueira permanente, pois não tenho óculos apropriados, preparados para tamanho desafio...É só para saberem o que à bebedeira do satélite, ainda me faz. Continuo com a cabeça em órbita, à tornar-me especial, quase a sentir-me espacial. Mas o que me fez ficar quase lúcido, foi o caldo que ainda não tomei, por ter no prato mais peixe que água quente e a escutar a canção "SÚPLICA CEARENSE" de Waldeck Artur de Macedo e Nelinho, na voz de Luiz Gonzaga que diz umas coisas assim:"Oh! Deus, perdoe este pobre coitado / Que de joelhos rezou um bocado / Pedindo pra chuva cair sem parar..." Recordei-me que em Agosto de 2016, AFUNDAMOS e esticamos o cabo submarino de fibra óptica denominado "South Atlantic Cable System (SACS) ", que" vai" ligar Luanda (Angola) /Estado de Ceará (Brasil), visando a melhoria e redução de custos no acesso aos serviços das telecomunicações no país. Mas o dito cujo, só entra em funcionamento em Julho de 2018. Os entendidos disseram que além de unir os dois continentes, via marítima, o SACS (Primo afastado da Ordem de Saque) tornará igualmente Angola no EPICENTRO das telecomunicações a nível do continente africano, garantindo uma rota de tráfego África/Estados Unidos de América/Europa, através do cabo de fibra óptica West Africa Cable System (WACS), que liga 11 países do continente africano e três da Europa. Fiquei de Boca-pra-nuca! E mais perplexo quando acrescentam que este sistema terá uma latência (tempo de reacção) de cerca de 60 mil segundos, permitindo maior velocidade das comunicações no país e mundo. É coisa para comemorar e dizer, ESTAMOS LÁ! ESTAMOS LÁ!

Mûzonguê a ficar gelado, mas falta o limão e o Gindungo, que não sei se vai para o prato, ou pra boca em ligação directa, mas resolve-se! Começam os soluços...Quem "chupa" sabe o que significa. Hips ! Hips! Hips (Afilhado do Ipsis verbis)! E relembro-me que o satélite, lançado anteontem prestará, primeiro, serviços à pátria que o CABO que foi ESTICADO em 2016 (Muito tempo que até dói)...E a música continua " Oh! Deus, se eu não rezei direito o Senhor me perdoe,

Eu acho que a culpa foi

Desse pobre que nem sabe fazer oração

Meu Deus perdoe eu encher os meus olhos de água

E ter-lhe pedido cheiinho de mágoa

Pro sol inclemente se arretirar..." E eu com o meu lá, lá, lá! por não ter voz de cantor em dias de ressaca. Mas não se esqueçam! Ouvi dizer que "O satélite angolano vai possuir um centro primário de controlo e missão em Angola e outro secundário na Rússia".

Em 2018,da Terra ou do Espaço, VAMOS FAZER BEM E RÁPIDO!

E...Lálá, lá! TUDO MENTIRA!

PREGÃO DA ZUNGA

(Altifalante Ligado)...Me pergunta só na minha banheira...Hoje tem: Escamas de DINOSSAUROS; MABELÉ, BANHA DE COBRA, ÓLEO DE RÍCINO para disenteria, asma e CASPA; BRILHANTINA para cabelo que faz falar TIO, AFILHADO e SOBRINHO...Me pergunta só

!

O governador provincial de Luanda Graciano Domingos anunciou ontem (sexta-feira), nesta cidade, a construção de mais cemitérios nos municípios de Cacuaco, Viana, Icolo e Bengo e Quiçama, com vista a dar maior dignidade aos actos fúnebres.

O anúncio foi feito pelo governador momentos depois de proceder a abertura do Cemitério do Benfica, no município de Belas, com mil metros quadrados, que poderá já receber funerais.

De acordo com Graciano Domingos, os actuais cemitérios são insuficientes para a demanda de enterros, razão pela qual urge a necessidade de se construir outros com vista a se “dar maior dignidade aos entes que partem”.

O Cemitério do Benfica aberto hoje tem uma capela, três salas para velórios, inúmeros sanitários, área de escritório, luz eléctrica da rede ENDE, água corrente e um furo de água por uma questão de precaução.

Segundo governador, é da responsabilidade do seu pelouro garantir as condições para a realização de funerais condignos, chamando atenção para importância de se viver em harmonia uns com outros, solidários e participativos na sociedade.

Este é o sexto cemitério a nível da província de Luanda com condições dignas para a realização de funerais. ALGUMA COISA ESTÁ MAL!

VI (VI)

NA SAMBA HAVIA O MORRO
HOUVE O ALDO MORO
VI O PÉLE DO LUANDA
O COMETA HALLEY, A LUA, O SOL, ESTRELAS E O CUBANO ARNALDO TAMAYO MÉNDEZ.
O DETOMASO PANTERA DO PAULO STOP…
GAJAJAS A CAIREM…
AMORAS NO CHÃO…
REBITA NA MARIA ESCREQUENHA COM TI FIRMINO NA NGAIETA…
A FAMA DO TI GELARDO MORGADO…
A BANGA DO KOTA ANTONINO…
AS ESTÓRIAS DO MANO BI E OS SEUS GEXTOS DE SABEDORIA.
ATÉ O ECLIPSE…VI
VI MALTA DESBUSSOLADA: A JOANA, O LINDO…
MODISTAS E ALFAIATES COMO A BETH, O PAPO…CARDOSO "o certo"…
O ZITO ALEIJADO (MESMO COM AS SUAS JINDAKAS AFIADAS) …
FAZIA DAS BALABINAS MENOS APRESENTAVEIS GOSTOSAS …
O MOLHO À KANDIMBA DO JÚLIO LUCAS…QUE PROVEI!
CABEÇAS RAPADAS GALINHAS ASSADAS (MÉKUÍ) …ÓH ZÉ!
O QUIMBOMBO DA ALZIRA…
AS FARRAS EM CASA DO PORCELANA…
O DIÓLO NO SAMBEZANGA…NAS BARROCAS ESCORREGUEI…
NA BOAVISTA (PRAIA DA ROTUNDA) PERDI O GINHO…
AS MINHAS AVÓS DOMINGAS MANUEL XAVIER E ISABEL DOS SANTOS TORRES
A QUEDA DO PASSOS
O NASCIMENTO DA NGÁ
DOS MEUS GINGONGOS
O DESAPARECIMENTO DO DJORDANY E DO CIROS CORDEIRO DA MATA
AINDA...ASSISTI O CASAMENTO DA CYNTIA, PEDIDO DA VANDA E O NASCIMENTO DA NETA.
O KWANZA SEM VALOR...
…TANTAS COISAS VISTAS E VIVIDAS SOBRE ÀS QUAIS SOBREVIVO!

A BARBA...

Hoje quando defronte ao espelho do Quarto de banho da minha Humilde Residência, como diria o Fulano. Quando quase começava a escanhoar o meu triste rosto, reflectiu a imagem do meu Mui Querido Amigo, JUCA de seu nome Arnaldo, falecido há mais de 5 anos. O JUCA foi o senhor que me ensinou a sonhar e começar a gostar das coisas boas da VIDA. Vizinhos ali no Bairro Popular de São Paulo. Ele na B-4 e eu na B-3. Ele quando o conheci em 1973/74 já trabalhava no BCA- BANCO COMERCIAL DE ANGOLA, hoje BPC. Chegou a jogar no Benfica de Luanda. Era já um "Rapazote" de vinte e tal anos, muito Bangão. Durante anos, acompanhei pois, espreitava do meu muro as idas e vindas do JUCA ao serviço. O que me fascinava era a hora dele fazer a barba. O Meu Pai tinha deixado de faze-la. Recordo que na época ainda estava na fase do sonho. Aquilo era uma cerimónia que me deixava extasiado. Na altura os Kotas faziam, alguns com Navalha outros com a famosa Gillette. O JUCA usava a Gillette. Depois de Humedecer a pele com água fria, passava a pomada, que vinha numa Bisnaga, para fazer espuma com o pincel. Agora é com os dedos. Aí começava a escanhoar uniformemente para, segundo me dizia, não ficar com pêlos encravados. No fim depois de enxaguar o rosto e secar com a toalha, passava a PEDRA HUMA. Para mim era um espectáculo que me fazia querer avançar a idade. Quando estivesse a tomar banho em minha casa, fazia bastante espuma com o sabonete e metia nas minhas bochechas para depois imitar o JUCA a Fazer à Barba, não com lâminas, mas com a Raspadeira que usávamos para tirar o SURRO da língua. Também fazia a minha banga, com assobios a mistura. Mas o bom do JUCA também tinha sempre Estórias para me contar sobre os seus prazeres depois do trabalho que consistia sempre em passar pelo Hotel Tropico. No não menos famoso Hotel TROPICO da nossa Capital. Tomava sempre uma GINA LOLLOBRIGIDA Eu, Kandengue, ficava Aboamado. Com o sonho de que quando crescer também iria tomar umas tantas GINAS. Matar a Curiosidade.

O tempo passou, o JUCA para a eternidade. E num dos BELOS dias de ENGARRAFAMENTO em Luanda CIDADE, resolvo QUEIMAR tempo no HOTEL TRÓPICO. Sento-me ao balcão do bar e com voz trémula peço ao Barman...UMA GINA LOLLOBRIGIDA! Depois de alguns minutos chega a tal, a GINA, toda REVESTIDA, meu olhar LÂNGUIDO. Vem

num VESTIDO-TAÇA de BAILARINA com TRÊS-PEDRAS-DE GELO-BRILHANTES, AZEITONAS-VERDES e na BORDA… AÇUCAR. Mas o que tinha mesmo no interior, o precioso era MARTINI BIANCO!
Sorvi, Sorvi, Sorvi, a pensar no BOM GOSTO que o meu amigo JUCA Tinha.
Boa Sexta-Feira Para Todos!

NDENGUE!

...Toca o meu telefone e atendo...O senhor chama-se Paulo Alexandre? Pergunta do outro lado da linha o Sr. Sem Nome. Respondo meio a gaguejar, pois quase não me lembrava mais que fazia parte do meu nome, o Alexandre. E arranca logo com mais e muitas perguntas: Se Tinha havido um caso de DENGUE comigo ou com algum familiar meu nos últimos tempos... E perplexo tento saber o nome do inquiridor, mas recebo a reposta que se tratava de um técnico da Multiperfil que pretendia saber a minha morada com nome da Rua, nº da porta e outras desnecessidades. Argumentei que sim, tive um familiar meu com esse problema. Mas o homem parecia um disco, ou gravação e só queria saber da morada para lá ir fazer a tal da desinfestação. Os técnicos tinham que fazer um levantamento sobre os reais motivos do aparecimento dos mosquitos Aëdes aegypti e Aëdes albopictus, em minha humilde residência (Como se fosse coisa exclusiva). Retorqui que devido a hora, não seria possível porque eu não me encontrava em casa e não havia de orientar as minhas colaboradoras domésticas abrirem a porta à estranhos...Ouvi o Homem balbuciar algumas palavras com alguém ao lado e a chamada morreu...Ficando eu no Aló, Aló. Agora pergunto: Não devia ser um pessoa devidamente identificada da Clínica Multipérfil, "se fosse verdade" convocando-me e comunicar-me que havia esse tipo de procedimento para tais casos? Achei estranho nunca mais me terem ligado para falarem sobre o assunto. Seriam TÉCNICOS DE GATUNAGEM?
Olha que eu já não sou NDENGUE!

PREGÃO DA ZUNGA

(Altifalante Ligado) ME PERGUNTA NA MINHA BANHEIRA...Hoje tem: Misangas, chouriço, cebola, tomate, alho de kimbundu pra cozer com carne seca de javali, agulha e linha para coser ESPANTALHO, dedal, alfinete, NARIZ DE PALHAÇO...E MUITOS PASTORES (Civis e militares) POR METRO QUADRADO. Me pergunta só!

SAUDADES DO TEATRO AVENIDA!

...A passar pela Rua dos Restauradores, revejo que uma das promessas feitas pela Administração que Governou durante 38 anos. Não foi cumprida! A ampliação e melhoramento da sala de teatro na mesma rua, denominado TEATRO AVENIDA. Até hoje, ninguém consegue explicar o porquê da destruição, tal como aconteceu com o MERCADO DO KINAXIXI e outros CARTÕES POSTAIS da cidade de Luanda, que de melhoria só têm esqueletos de betão sem expressão e função...Um autêntico escândalo! DESTRUIR PARA NADA FAZER! Mas revisitando o Teatro Avenida que comecei a frequentar depois de 1974, por se ter tornado à CASA DO AGRUPAMENTO MÚSICO-TEATRAL NGONGO , formação artística de que os meus pais(Ciros e Kuto) faziam parte, tendo na época colonial à LIGA NACIONAL, como "albergue" . Foi no Teatro Avenida onde assisti, já em plena consciência, espectáculos de música, teatro e dança, feito por angolanos. Eram os meus momentos de poder acompanhar dos ensaios ao ESPECTÁCULO e assim começar a tomar contacto com coisas da cultura angolense, nos seus diversos formatos, incluindo JOGRAL, que tatuaram profundamente a minha adolescência. Na sala do teatro avenida, vi Mário Arsénio à declamar NAMORO do seu Xará Mário António de Oliveira, coisa inigualável.
Mandei-lhe uma carta em papel perfumado
e com a letra bonita eu disse ela tinha
um sorrir luminoso tão quente e gaiato
como o sol de Novembro brincando de artista nas acácias floridas
espalhando diamantes na fímbria do mar

e dando calor ao sumo das mangas.
sua pele macia - era sumaúma...
Sua pele macia, da cor do jambo, cheirando a rosas
tão rijo e tão doce - como o maboque...
Seu seios laranjas - laranjas do Loge
seus dentes... - marfim...
Mandei-lhe uma carta
e ela disse que não.

Mandei-lhe um cartão
que o Manino tipografou:
"Por ti sofre o meu coração"
Num canto - SIM, noutro canto - NÃO
E ela o canto do NÃO dobrou.

Mandei-lhe um recado pela Zefa do Sete
pedindo rogando de joelhos no chão
pela Senhora do Cabo, pela Santa Ifigénia,
me desse a ventura do seu namoro...
E ela disse que não.

Levei à avó Chica, quimbanda de fama
a areia da marca que o seu pé deixou
para que fizesse um feitiço forte e seguro
que nela nascesse um amor como o meu...
E o feitiço falhou.

Esperei-a de tarde, à porta da fábrica,
ofertei-lhe um colar e um anel e um broche,
paguei-lhe doces na calçada da Missão,
ficamos num banco do largo da Estátua,
afaguei-lhe as mãos...
falei-lhe de amor... e ela disse que não.

Andei barbado, sujo, e descalço,
como um mona-ngamba.

Procuraram por mim
" - Não viu...(ai, não viu...?) Não viu Benjamim?"
E perdido me deram no morro da Samba.
E para me distrair
levaram-me ao baile do sô Januário
mas ela lá estava num canto a rir
contando o meu caso às moças mais lindas do Bairro Operário

Tocaram uma rumba dancei com ela
e num passo maluco voamos na sala
qual uma estrela riscando o céu!
E a malta gritou: "Aí Benjamim!"
Olhei-a nos olhos - sorriu para mim
pedi-lhe um beijo - e ela disse que sim.
...

Assisti o Kituxi(Rudolfo) a representar na peça MUÍI(O Ladrão) escrita por Armando Correia de Azevedo, O Mário António, dignifica a obra presenteando-lhe com um belíssimo poema. MUÍI, O LADRÃO
(para o conjunto músico-teatral Ngongo)

Muíi tem olhos largos
Que rodeiam, rodeiam,
Braços que se confundem
Com os braços da treva.

Nos ouvidos de Muíi
Batem todos os ventos.
(O vento e a escuridão- Os amigos de Muíi.)
Os pés de Muíi tocam
Tocando mal, o chão.
(Muíi é dançarino. Têm asas seus pés).

Muíi salta, perscruta
Dança de pés e mãos
Solta os olhos à volta
Baila em vestes de Noite.
Muíi só não contou

Com o canto do galo…
-Perdão pra ele irmãos!
É larga-lo! É larga-lo!
Também assisti passos de Kabetula, Kazukuta, Rebita com as suas Massembas...Sessões espíritas, com o Lerson no comando. O Roldão Ferreira o criador de cenários e coreógrafo também. O grande GIZA à declamar A TABERNA de Jaime Macedo de Magalhães assim:A É sábado/ é noite/ São horas tardias/ Dentro de uma taberna solitária/ Há barulho e confusão/ Nas tábuas/ de um balcão ensebado/ Gasta tostão/ Um irmão viciado/ Mas oh! Irmão/ Tu não ouves/ O tossir persistente/ Da tua mulher curvada/ Sobre a selha/ Para que em casa/ haja um pão sobre a mesa /e uma candeia acesa? / Não! / Tu és escravo/Deste vinho carrascão/ Escravo das tábuas/ Deste balcão/ As tábuas que hão-de ser/ As tábuas do teu caixão…Eduarda Viera Dias (Duda) em passos de Kabetula que estremeciam a sala, as gémeas Olímpia & Isabel, à Nené Pedro. No TEATRO AVENIDA acontecia CULTURA que terminava, quase sempre em Carnaval com a música Cidrália em que o Rei era o PORCELANA...Os percussionistas vários (Antoninho Parto-Os-Cornos, Chico Açucareiro, Kituxi, Inó...) E não me esqueço de ter apreciado o enorme Euclides Fontes Pereira (Fontinhas) com os seus DEDAIS a acariciarem à DIKANZA. O Fundador do grupo foi o não menos famoso José Oliveiro de Fontes Pereira (Malé Malamba). Tudo isso acontecia lá, no Teatro Avenida. O Presidente chama-se Sebastião Soares da Silva.

"NGONGO"

Quando está árida e seca a terra
Calcinada pelo Sol ardente impiedoso
Quando a chuva nos céus hesita e erra
E as gentes rezam a Deus misericordioso
O fim de confrangente parecer lento…
Isso é NGONGO, isso é SOFRIMENTO…

Quando graça implacável a epidemia
Trazida pelos ventos mórbidos do sem-fim
E a morte paira misteriosa e sombria
Arrancando dos seios anjos d'ébano e marfim
É NGONGO, o SOFRIMENTO que persiste dia após dia…
Quando a chuva chega devassaladora
E do homem resta a sombra duma existência
Bebendo o fluido das lágrimas que chora…
É NGONGO, que faz ninho na consciência…

NGONGO, tem a volubilidade dos espíritos na noite
Vagando imperceptível no etéreo espaço
Em busca de guarida onde se acoite.
É como as almas que andam penando mundo afora
Em peregrina expiação de pecados incontidos,
Ninguém as vê, mas ninguém por acaso ignora
De tê-las ouvido passar lamentando em dolentes gemidos…

NGONGO é o INFERNO DA VIDA!
A transplantação do signo império de "Satã"
À natureza dos homens destruída
Onde a felicidade é mística e vã.
Não há brasões nem bandeiras
Nesse flamante mundo sem perdão,
Onde só há dores e canseiras
E a impetuosidade é apenas resignação.

Aí queimam-se o prazer e a esperança.

O sofrimento ganha o cume da transcendência
O fogo, voraz Brazão de ódio e vingança
Dilui vaidades mundanas sem clemência.

E a vida continua com NGONGO…
Do deserto solitário à cosmopolita cidade,
Torna o mundo penoso e longo
A curta permanência uma eternidade…

Não arranquemos do peito os corações
Nem cerremos os olhos à dor humana,
Arrastadas pelo SOFRIMENTO vão multidões
E nós, mitigamos nesta imensa Caravana!...
MÁRIO ARSÉNIO GONÇALVES (Seny)
In CACIMBOS 58/62

Foi ainda naquela Sala que vi pela primeira vez o Matadidi Mário, recém-chegado do Congo e como grande artista, também fazia ensaios no Avenida...As primeiras sessões não correram lá muito bem, porque o MATADIDI partiu 3 microfones que enervou a brasileira que na época dirigia o edifício. O Grande Matadidi, por três vezes tentou fazer aquelas "piruetas" à James Brown, largando o microfone dando uma volta ou volta e meia... E quando tentasse agarrar novamente, já ele estava no chão aos pedaços porque o " pé de apoio" do microfone, não tinha à base circular... Pela primeira vez, assisti metade do espectáculo do NGONGO no primeiro carro de Exteriores da TELEVISÃO POPULAR DE ANGOLA- TPA.O que queriam fazer de facto com o espaço onde estava edificado o TEATRO AVENIDA?

PREGÃO DA ZUNGA!

(Altifalante ligado) ME PERGUNTA NA MINHA BANHEIRA...Hoje tem: Garoupa, baiacu. Roncador, taínha, sardinha, atum, PUNGU , savelha...E LIXÍVIA para tirar manchas do tipo QUEM ME SUJA, NÃO ME LIMPA. Me pergunta só!

PREGÃO DA ZUNGA!

(Altifalante ligado) ME PERGUNTA NA MINHA BANHEIRA...Hoje tem: Satélite por UM BINÓCULO, monóculo para SONHOS, maquinas calculadoras MAIS SOFISTICADAS (QUE SÓ SOMAM ATÉ 320 MILHÕES), frascos com lágrimas de crocodilo e de jacaré, óleo de Jiboia para friccionar e RETIRAR MENTIRAS DO ESPÍRITO, corpo DE MINISTROS... E обещает, что спутник, хорошие и более сложные является определенность в 2020 году в месяц. По-прежнему плохо сделаны счета, что я не волнует объяснить на португальском языке. Me pergunta só!

PREGÃO DA ZUNGA

(Altifalante ligado)...Me pergunta na minha banheira...Hoje tem: VELA (Preta, Branca amarelada, Vermelha) do mercado SÃO PAULO. Sardinha e Atum em LATA, lenços, PENSO (s) higiénico (s), CHÁ de Erva-cidreira (Insónia nervosa), Camomila de VIANA (Excesso de Estresse), Banana (Tem vitamina B6 e ajuda na VISÃO)...E cigarros Juca, Caricoco AC, SL. TABACO, Farinha DO MESMO SACO (Museke e Fina)...Me pergunta só!

...DESEMBARQUEI no Bairro Operário, Rua J, e perguntei à prima Té pelos rapazes do Mussafo (Bairro dos mulatos em calulo) e disse-me que alguns tinham sobrevivido. Alguns são chamados de diamulas, laras. Fronteiras perdidas. mestiços...Raça mista nos Bilhetes de Identidade, filhos de pais incógnitos, do vizinho, do tio, da outra e da PAUTA. Todos filhos desta Angola imensa!

Não importa como foram feitos. Se em escapadelas, facadas nos lares ou matrimônios. São eles que algumas vezes procuram esquecer donde vieram, sabendo alguns para onde vão.

Zeca, cresceu com a Avó, mãe da Mãe-Avó Maríka.

Kanuko Zeca, nunca conheceu a família da parte do Pai, o Mindele Tadeu. Andou descalço, apanhou berridas, empurrou pneus com paus, maguelou-se nos carros da Câmara. Fez todas as traquinices connosco, à sua MALTA no tempo do colono!

Sua mãe Antonika, fazia de tudo para que nada lhe faltasse. Lavava e engomava roupas de diversas senhoras da época, para que seus parentes e descendentes tivessem o mínimo para viver com alguma dignidade...Da escola ao ESKEDELO.

Zeca, foi registado como filho de pai Incógnito. Assim rezava à certidão de nascimento.

Começou por estudar a Cabunga e chegou até ao liceu. Gente começou a conhecê-lo e ele começou a conhecer pessoas com tez clara como a sua. Com pais no Bilhete de Identidade, mas ausentes. Na formação da sua personalidade começou a chocar com amigos e parentes pela mudança repentina de comportamentos. Já não era assim, nem assado, cozido...Pois era mulato.

Já a vizinha Isabel, tivera um filho de uma violação do patrão, mas como foi ameaçada de morte. Registou o rapaz, um colega da mesma casa onde eram empregados. Todo mundo achou bonito por ela ter parido um menino CLARO com um PATRÍCIO, ou melhor, preto. Insinuavam os patrões, que ela tinha BOM VENTRE.

A Fatita tinha arranjado um Ngueta, por influência familiar, para ADIANTAR A RAÇA.

Mas como ia dizendo, Zeca Fronteiras Perdidas, arranjou amigos brancos, primos seus e alguns irmãos desconhecidos quando chegou a Faculdade. A

primeira namorada era a negra ROMÃ, mas para ir as festas do "amigos" luso-descendentes, aparecia com a mulata MAÇÃ, para não destoar.
Foi assim que a Maçã casou e a Romã passou a ser a OUTRA.
"...TENS QUE ENTENDER..." disse ele, a justificar-se à ROMÃ POBRE DE ESPÍRITO.
Zeca, viajou para Portugal. Terra do seu pai. Sem referências, só sabia que o Ngueta chamava-se Tadeu ou Pereira e que tinha trabalhado na TEXTANG. Colocou anúncios em jornais e nada de encontrar o pai. Ele, o Zeca F. P. de seu nome verdadeiro, JOSÉ CAMONEQUENE, filho de Salucambo, sua mãe. O nome dele foi herdado do tio que lhe registou mais tarde, para não permanecer filho de pai incógnito. Era xará-filho do tio preto. Não era nome para um mulato, pensava !
De regresso à Angola, decidiu mudar de nome. Deixou o primeiro, José porque era de santo. Retirou o Camonequene e passou a chamar-se JOSÉ ALBERTO DE CARVALHO E FREITAS. O Carvalho e Freitas, era nome da empresa que ele adorava. Assim ficou. Os amigos de infância chamavam-no Zézito Camonequene, nome que o RAPAZ agora odiava. Não era nome para um mulato como ele que tinha sangue europeu. Quem diria!? Cão de merda! Resmungava a família!
E assim continuou com às suas e outras manias que algum dia conto mais!

APELO!

Irmãos angolanos, mesmo os com duas nacionalidades, se conhecem algum Pastor, Kimbandeiro, Profeta, Padre ou Feiticeiro. Implorem para que usem todos os seus canais (forças) para salvarem ANGOLA!

À pátria está PERDIDA! Necessita da oração de todos os seus filhos (mesmo os das outras)!

É URGENTE!

ANGOLA SAITÉ!

Em Setembro 23, no alinhamento dos QUATRO planetas

As 6 (Seis) estrelas da constelação de Leão (Até à Regulus compareceu) espreitei e não te alcancei...Julguei o Fim!

Sem deixar cair a esperança de podermos comunicar sem restrições (Digitalmente), quando estiveres em orbita no novo alinhamento...A 26 de Dezembro, na ressaca do Natal...ANGOSAT

NÃO ACONTECEU!

PANIFICADORAS E OS PLANOS...

Eles têm um plano (Qualquer), mas é mais um.

Os PLANISTAS são unidos no kumbú, Unidos do gamanço, Unidos que os pariu e... UNIDOS!

Nos fornos das suas panificadoras, KAXICANE, PAMELI e outras tantas... Até sai pão planificado para quem lhes é negada à hóstia sagrada, como se estivéssemos todos em pecado natural.

Nós e mais alguns, não antecipam e acreditam nas melhores fornalhas do trigo distribuído aos mendigos...

O azar é sermos milhões, com fome que nunca acaba!

Os planificadores das nossas panificadoras, estão sem planos (urgentes) a aguardarem gradualmente que o fermento desempenhe o seu papel.

PREGÃO DA ZUNGA!

(Altifalante ligado)...Me pergunta na minha banheira...Hoje tem: Jeans do ANTÓNIO, ponda da besangana, barrete de Mutudi, pastéis de Belém, galete, pirulito, filhoses, Kifufutila...E COSTA*(s) virada(s) à procura do nosso CÓDIGO DE VESTIMENTA...Me pergunta só !

*Quando o Primeiro Ministro de Portugal António Costa visitou Angola e desembarcou vestido com calça Jeans.

DEPOIS DE TUDO VISTO E MISTURADO!

Com a falta de quase tudo dentro da norma (Não escrita por mim). Percebo o porquê da precipitação que nos leva a desencarnar (à espera do exacto dia) desta dita vida maldita que nos persegue, mesmo sabendo que já não existimos do lado de cá. E por dentro das minhas insónias começo a duvidar daquilo que vejo e sonho. Observo apenas o que sinto passar o que ultrapassa as minhas capacidades de compreensão pelas mensagens transmitidas pelos animais, que tal como o outro, começo à gostar mais. Desconfio que o que sobrou, são almas que ainda não partiram para o além (precisam de ajuda), e que como seres superiores, vão orar e olhar por nós, de cima pra baixo. Porque para atingirmos as estrelas e percorrermos os seus caminhos vamos continuar a gritar, para todo MUNDO INFINITO ouvir - ACABEM DE NOS MATAR! E assim, sairmos da lista de espera (estarmos cansados) do banco de urgência da FELICIDADE. Os que carregam no botão para que a nossa ausência se antecipe, que sejam generosos e nos deixem, pelo menos desta vez, MORRER EM PAZ!

PREGÃO DA ZUNGA!

(Altifalante ligado) ME PERGUNTA NA MINHA BANHEIRA...Hoje até ao dia 22 de Abril, TEM: VACINAS para crianças dos 9 meses aos 15 anos de idade de POLÍOMIELITE, SARAMPO e RUBÉOLA...NÃO PRECISA PAGAR! Me pergunta só!

PREGÃO DA ZUNGA!

(Altifalante ligado) ME PERGUNTA NA MINHA BANHEIRA...Hoje tem: FUSÍVEIS, busca-pólos, Velas, Lâmpadas, Lanternas, FIOS DE COBRE... CÂMARAS que filmam PACATOS CIDADÃOS e aquelas QUE NÃO FILMAM GATUNOS DE MATERIAL ELÉCTRICO. Me pergunta só!

PREGÃO DA ZUNGA!

(Altifalante ligado) ME PERGUNTA NA MINHA BANHEIRA...Hoje tem seguilhão, macrueira,fuba da moagem, beringela, velas brancas, CRUZ VERMELHA...Até HOMENS DE CULTURA E ANIMAIS POLÍTICOS DA LADROAGEM...Me pergunta só!

Depois de mais um ACIDENTE DE VIAÇÃO, quase concluo que um dos grandes problemas nas nossas estradas é o de continuarmos a circular pelos caminhos que o "TUGA" deixou. Até hoje não conseguimos descobrir novos caminhos para fazermos viagens mais seguras. As estradas estreitas para nela circularem "Calhambeques" do início do século Vinte, com montanhas mil para "trepar". Curvas e contracurvas, apertadas. Para não falar no capim que nos tolda a visão pois, nunca ou quase, mesmo de dia nos apercebemos quem vem em sentido contrario. Viajar por ESTRADA em Angola e chegar vivo, é quase sempre um "milagre"!

Quando li o livro de Adolfo Maria "ANGOLA SONHO E PESADELO", não contive lagrimas que me levaram a época imberbe do nascimento da RPA- País. Angola que alguns dos seus filhos foram maltratados pelos irmãos. Ainda Kanuco, com 9 anos, no ano de independência dos meus pais, começo a aperceber-me que a "Tal" de independência era uma coisa terrível. Punha a minha infância em risco. Corria o risco de levar uma bala perdida, porque todos eram Makuenzes, Dikuenzes e outros Cognomes da época. Tinha que se ser pioneiro. Pioneiro que fabricava armas de pau para matar os pais de outros ou amigos por distracção (Inexperiência). As nossas "Fabricas de Carros de Lata" fecharam, "confiscadas" para também termos que defender o País. As nossas bolas de meias foram desfeitas para que os nossos pés conseguissem ficar aconchegados nas botas militares 43 BIQUEIRA LARGA. Recordo-me dos cartazes colados nas paredes e portas das nossas casas que tinham o dedo indicador em riste e dizia: O PAÍS PRECISA DE TI! E alguns de nós, miúdos, foram para luta. Meu amigo e colega Beto da ANANGOLA, ali no Bairro Operário, foi para Kifangondo ajudar a distribuir munições e nunca mais voltou com vida. Foi o primeiro óbito da minha infância. Fomos, todos os colegas apresentar os pêsames a família, ali onde é hoje o Mercado Beato Salú, na Mulembeira.

Em 1973/74 vejo pela primeira vez na "REVISTA SEMANA ILUSTRADA" a imagem do meu tio CARLOS ALBERTO MARTINS MONTEIRO, que se havia transformado em comandante do MPLA-Movimento Popular de Libertação de Angola, em companhia de JOAQUIM PINTO DE ANDRADE que na época era Presidente de Honra do MPLA, numa célebre entrevista dada a esse órgão. O meu tio, CARLOS ALBERTO MARTINS MONTEIRO já era conhecido por Tótoy que foi atribuído pelo pai Joaquim Henriques Monteiro em homenagem ao Leão Tólstoy. Mas para dignificar a sua entrega a causa revolucionária e dignificar a clandestinidade, optou pelo Cognome TALANGONGO. Registando-se em 1975 em Luanda, como TALANGONGO TÓTOY MONTEIRO. Foi no princípio de 75 que o conheci. Quando chegaram de Brazzaville num avião de um amigo que se "chamava" ZECA e que tinha uma filha PAULA que estudou comigo na escola 1° de Maio. No mesmo avião vieram outros elementos da REVOLTA ACTIVA de entre os quais o meu tio também irmão do Tótoy e da minha mãe, Ana de Miranda Martins Monteiro Cordeiro da Mata (Kuto), o ANTÓNIO DE MENEZES MARTINS MONTEIRO que regressou Arquitecto, formado em Baku na União das Repúblicas Socialistas Soviéticas. Por ter esses membros da minha família na "Famigerada" REVOLTA ACTIVA, tive o privilégio de conhecer Gentil Viana, Fernando Paiva, Adolfo Maria, Luís Carmelino (Jota), Dr.

Videira, entre outros. Tudo isso na Rua Gaia nº30 na "Famosa" B3 do Bairro Social de São Paulo em Luanda. Mário Pinto de Andrade só o viria a conhecer pessoalmente em Cabo Verde, 1991.

Quando em 1976, cinco meses após a independência, foram detidos quase todos os elementos da REVOLTA ACTIVA começa o meu "Calvário". Imaginem que eu com 10 anos, tinha que interromper as minhas sessões de recreio no Bairro, "Altos trumunus" para ir levar as refeições para os meus tios que passaram rapidamente a reaccionários, forças do mal, lacaios, pequeno-burgueses. Primeiro para o Tótoy porque o Antoninho, conseguiu ficar escondido quase um ano, estava para ser detido no dia do seu casamento. Familiares tiverem que implorar aos membros da DISA para que deixassem a festa terminar...E o homem conseguiu desaparecer durante muito tempo. Escondido na Samba por entre os pescadores. Quando o tio Antoninho resolveu entregar-se, porque o seu irmão estava a pagar pela sua ausência, as marmitas de refeição aumentaram. Só com a ajuda do meu irmão mais novo Emanuel conseguia lá chegar. Por vezes sujos e descalços. Outras vezes sem camisa. Aí levávamos os ralhetes do Guardas KITEKULO, que era franzino, que entornava a sopa toda. Gostava de levar vários cestos ao mesmo tempo. Que diga a "TININHA" esposa do kota BROOKS, preso pelo mesmo motivo.

Muitas das vezes franqueavam-nos as portas para entrarmos até ao pátio da cadeia e fazer a entrega da comida pessoalmente. Isso graças ao Miranda e ao Domingos que tinham uma certa simpatia pelos Kotas da REVOLTA ACTIVA (R.A), que na cadeia passaram a ser seus alfabetizadores. E frequentavam a nossa casa quando a "fome" de informações apertasse, pois eram sempre acompanhados por assessores cubanos. Foi numa dessas entradas até ao pátio do interior da cadeia de S. Paulo que vi os temidos MERCENÁRIOS que não tinham sido fuzilados com o Callan (Thomas Georges). O Grillo era ENORME!

...

Numa das visitas familiares, antes do 27 de Maio, ia eu com o passo atrasado e oiço alguém a chamar pelo meu nome. Olho para cima e Oiço: É o tio Eugénio! Não diz nada a NINA. Nome que eu tratava a minha avó, DOMINGAS MANUEL XAVIER. Neste mesmo momento a NINA, estava passos adiantados, tínhamos acabado de fazer visita ao Tótoy. Mais um Tio na cadeia reclamei em Silêncio. Pensando depois, cai em mim e vi que a carga iria aumentar. TRÊS!

Meu Tio chamava-se EUGÊNIO HAMILTON DOS SANTOS. Durante anos, trabalhou nos correios e telégrafos, tendo depois ido viver para o Dondo (Kwanza Norte) como funcionário da SATEC...Quando Angola se torna independente, regressa à Luanda e emprega-se na EMPA, uma espécie de PAPAGRO, ENTREPOSTO ADUANEIRO ou outras coisas projectadas que até aos dias de hoje não sentimos o efeito...Que era RESOLVER OS PROBLEMAS DO POVO!

Foi por ser funcionário da EMPA, colega do Chico Antas, que foram acusados de terem desviados bens do povo (Alimentação e eletrodomésticos) e foram para na KIONGA (Prisão) ...Tudo isso em 1977, dias antes da afamada INTENTONA FRACCIONISTA, "chefiada" por Nito Alves e Zé Van-Duném....Com o meu tio Eugénio, depois dos "apoiantes" dos revoltosos terem libertado (Arrombando às celas) os presos políticos pós independência, menos os da Revolta Activa e os Mercenários. Foram todos para casa felizes da vida para comemorar a libertação...Mas Eugénio, ao passar pela casa dos familiares que viviam a escassos metros da Cadeia de São Paulo e de a situação se ter alterado ao favor das forças apoiantes de Agostinho Neto. Foi-lhe aconselhado, para que no dia seguinte, regressasse à sua condição de prisioneiro, pois podia ser confundido com os fraccionistas e limparem-lhe o cebo. Conselho que com alguma relutância abraçou, tendo nas primeiras 6 (Seis) horas do dia 28 de Maio de 1977 se ter apresentado no mesmo local aonde nunca devia ter saído sem a permissão dos chefes....Mas foi bem recebido, segundo nos contou quando foi definitivamente mandado em paz para casa, sem culpa formada...Tal como hoje ...Predem para investigar!

A LUZ DA VELA!

...Depois de termos acreditado que tudo tinha melhorado (Propaganda). Hoje voltamos as antigas condições, quando acreditamos nos inúmeros benefícios da independência. Para alguns nem tudo foi mau! Para outros, até hoje não sentiram o "sabor" da tal liberdade. Mas não dá para agradar todos (Gregos e troianos) proclamam os lupens intelectuais e os revolucionários...Quando ainda havia alguma energia (Eléctrica) e física deu-me para ver umas imagens no youtube que reportavam as nossas malambas da guerra do lado de quem esteve na mata à lutar pelo seu pedaço de pão, segundo argumentam... Estavam com os que estavam na cidade em grandes e faustuosos repastos. Como ia dizendo, nas imagens surgiram mutilados. Irmãos nossos que combateram por uma causa...E é deles que vou falar. Não sei se conseguiram chegar até às cidades, ou foram "dispensados" de fazerem parte da nossa convivência. Gostaria muito que alguém me respondesse. Pessoas que lá estiveram de facto. Mas como ainda vai demorar um tempo até sabermos o que aconteceu, aproveito contar um episódio de vida, que aconteceu com este "Quase mutilado", Eme Kya!

Não sei até hoje que "Praga" é esta, mas sinto que acontece muitas vezes comigo e no mesmo pé...Que me levou pela segunda vez a um Hospital, por sinal o mesmo (Hospital Américo Boavida) para internamento. O tal do pé direito depois de aparecerem umas borbulhas dolorosas infectou ao ponto de me tirar a banga. Fui, pelos meus Pais levado ao banco de urgência do dito hospital a coxear, tal era a gravidade da situação, imaginem. Postos lá, sou recebido por um médico cubano, que depois de observar por alguns segundos, diagnosticou que eu tinha Celulite no pé e que tinha que ir para o Bloco operatório para a respectiva cirurgia. Eu no aguardo, e com a minha ignorância em matéria de celulites ou outras doenças (Adoeço muito pouco) chega uma enfermeira que me encaminha para uma sala de "curativos" do lado esquerdo do banco de urgência. Logo a entrada deparo-me com um senhor que vivia no Prenda, Rua dos Mareantes de nacionalidade Timorense que afinal trabalhava no Hospital, na área dos Curativos, limpezas etc. Senti-me mais aliviado, porque achava que ele me tinha reconhecido do Prenda, mas enganei-me redondamente ao pensar que o homem havia de ser brando comigo. E começou a "tortura"...Agarrou a pinça e uma tesoura começou a "talhar" a podridão da ferida com um assobio de uma música que penso ser da sua terra natal, enquanto eu cantava uma outra canção que no coro só se ouvia AI!, AI! CHEGA, TIRA A MÃO e ele continuava sem me dar confiança com a sua música a reparar-me de soslaio, até ficar com a ferida completamente limpa. E a única vez que me dirigiu a palavra disse: Já está, pode sair! Eu sem demoras, agradeci limpando as lágrimas e entreguei-me às enfermeiras que me colocaram logo uma sonda pelo nariz que disseram que era para retirar líquidos ou comidas que eu pudesse ter no estômago e introduziram uma agulha na veia do braço esquerdo com um balão de soro e mandara-me deitar na maca, com recomendações de relaxe porque aquilo seria uma coisa rápida e que já tinham feito muitas operações iguais a minha...Lá fui falando comigo até chegar ao quarto de espera, que penso ser no 6º andar. Desço da maca apoiando-me numa Canadiana, emprestada pelo meu irmão, e indicam-me a cama onde ficar até ser chamado. Reparo que os meus colegas de quarto, TODOS tinham falta de um membro inferior. TUDO PERNETA! Fiquei muito assustado, mas já lá estava tinha que fazer coragem. Passados alguns minutos, chegou um enfermeiro que fechou a torneira do balão de Soro, segundo ele, tinha que poupar porque aquele era o último. Mas perturbado fiquei. Os colegas davam força. Dizendo que eles também ficaram assim quando chegaram, mas que a coisa foi rápida e que já estavam psicologicamente melhores. Mandei por entre dentes, todos para PQP. Subiu-me um Kalundu, comecei por puxar a sonda e um deles a tentar animar para continuar na mesma posição. Para seu espanto, arranquei também a agulha do Soro, que fez espalhar algum sangue pela sala. Levantei-me, contei até NOVE agarrei na muleta e sai do quarto em direcção ao elevador. Entrei, apertei no botão para o R/C e lá fui, afinal para um andar acima. Pensei que me estivessem a evitar a fuga. Optei pelas escadas e encontro-me com o meu Primo Maurício Caetano, médico do hospital (Gaguejava mais do que hoje) que ao ver-me recomposto depois de me ter visto cheio de dores. Perguntou-me se já estava tudo resolvido. Eu sem pestanejar enchi o peito e disse: Sim Mauricito, tudo resolvido! Desci e fui esperar pelos meus Pais que tinham ido buscar as mantas para o meu internamento. No regresso já eu estava a andar em condições e subi rapidamente para o carro para lhes contar a odisseia que os deixou perplexo! Graças a minha atitude, hoje não faço parte da folha de estatística dos mutilados que muitos "médicos " cubanos deixaram em Angola! Coisa do Século Vinte!

DIA MUNDIAL DO COMPOSITOR...

Vou compôr
Para os políticos amigos do Povo
Para o povo inimigo dos políticos
Vou compôr
Para os políticos inimigos do Povo
Para o povo amigo dos políticos
Vou compôr
Para os que nunca enganaram os parceiros
Vou compôr
Para os que sempre enganaram os parceiros
Vou compôr
Para os parceiros que nunca tiveram parceiros
Vou compôr
Para os interesseiros trapaceiros sem pauta
Para a pauta dos trapaceiros interesseiros
Vou Compôr
Para o repentista da desdita sem intenção
Para o moralista sem intuição
Vou Compôr
Para os autores de composições alheias
Para os que fazem das composições alheias, suas
Vou compôr
Para os que desrespeitam os direitos dos autores
Para os que respeitam os direitos dos autores
Vou compôr

Para os resolutos

Para os que têm ouvidos absolutos...

Mas também vou Compôr em…

Dó Ré Mi Fá Só Lá Si Dó e… Compôr

Vem Aí o Carnaval...
Trouxe dos matadouros
Trochas de peles de vaca, boi, veado, cabrito, javali, gato pacaça que estendi no chão, ao sol para mais tarde esticar...E fazermos a festa com os Bumbos.
Vem Aí o Carnaval...
Recolhi as latas que pude...
Levei ao tio Rolão, serralheiro da zona, para fazer bacias para compassar às nossas batucadas.
Vem Aí o Carnaval...
Apanhei às tampas de cerveja, gasosa, sumo...Pedaços de vidro para ajudarem na percussão.
Vem Aí o Carnaval...
Passei pelas alfaiatarias do bairro e recolhi pedaços de trapos, juntei...
Para fazer as roupas coloridas que o meu grupo vai usar.
Vem Aí o Carnaval...
Cortei capim seco, apanhei algumas cordas de Sizal...para as roupas dos gentios (Figuras Centrais) no nosso grupo.
Vem Aí o Carnaval...
O Rei, a Rainha e acompanhantes...Vão vestidos como antigamente, garbosos.
O SONHO NINGUÉM NOS TIRA...
Vem Aí o Carnaval na MARGINAL!

DOMÍNIO PÚBLICO!

Os Partidos que ainda não conseguiram formalizar a candidatura perante o Tribunal Constitucional, para Presidente da Republica e deputados à Assembleia Nacional até hoje, devem procurar o MESTRE PAPÁTUDO FAZ, para resolver, Basta Levar comprovativo de pagamento de 1 ano DSTV-todos os canais; Gerador de 15 KVA com 10 mil Litros de gasóleo pagos e respectivo material de manutenção; 6 Cobertores...E uma declaração em que o Presidente do Partido se compromete em entregar 15% da verba para a campanha eleitoral. PAPÁ TUDO FAZ, NUNCA FALHOU! Falou.

PREGÃO DA ZUNGA!

(Altifalante ligado)...Me pergunta na minha banheira...Hoje tem: Kimbumbu, maleço,Mataku, carapinha,cavala, sardinha (paeta)...A cerca que a ERCA detém, desOrdem médica, EKA, chá de juízo para SUPERDOTADOS, protector (Solas, tacões, biqueiras) para sapatos de GOVERNADOR provincial...Justificações da e()RN(i)A*...E muito Bluff. Me pergunta só!

*ERNIA/RNA-Rádio Nacional de Angola assim denominou o meu digníssimo colega Nelson Pâncio que já repousa em paz.

...A pensar no Zua e no "filho". Em tempos idos tivemos em Luanda, o GRUPO DO ZUA, do CAIXÃO VAZIO e tantos outros que faziam e aconteciam. NUNCA SE DEI ENCONTRO COM ELES, mas a fama fazia-me correr há quilómetros, assim como alguns medrosos da minha geração...Acontece que ultimamente, oiço falar muito no " filho do Zua" que reclama da SAIA DELA, do feitiço, entre outros sentimentos que o kanuko esgalha na sua guitarra com suporte da garganta afinada...Quase a perguntar ao Drumond Jaime (Eu não sou de grupos) se o Ndengue era OBRA do famigerado, excelentíssimo PR "aposentado" do Grupo Zua...Ligo a TV e aparece o Puto a BOCAR:ah porque, ZUA é apelido de família! Fiquei Ngone...Não consegui continuar à contar ao meu filho Djavan, que os maus /bandidos também fazem coisas boas e saudáveis...como o "FILHO DO ZUA"! Fica só já assim.

AS HONRAS E ÀS GLÓRIAS!

Quando você que luta por uma causa e provoca mais sofrimento que o colonialista aos seus. Porque lutou?
Quando você luta por uma causa e mata (mais) "em guerras não explicadas" muitos dos seus. Porque Lutou?
Quando você luta por uma causa e descobre que o dinheiro, a ganância ultrapassou a dita. Porque Lutou?

Hoje, que honras e glórias reclamas IRMÃO!?

CANTIGA DOS FOLIÕES!

DO PACOTE JÁ CÁ CANTAM OS QUINHENTOS, MAS AINDA FALTAM 25 MILHÕES!
Ulêlê mamã !
Do pacote já cá cantam os quinhentos, mas ainda faltam Vinte e Cinco Milhões !
Mamâ ulêlê !

Foi aberto o Ano Académico do Ensino Superior em Angola, pelo Presidente da República João Lourenço. Que tal arranjar uma cadeira, especialidade, mestrado ou mesmo doutoramento, ou raio que o parta, em COMO ROUBAR UM PAÍS SEM SER INCRIMINADO! E assim estaríamos em condições de superar as Universidades da região e quiçá do mundo!? Os da "Cabunga", nada sabem sobre: Crude, Ad Valorem, Golden Share, Alavancagem, Overnight, Conglomerado, Dumping, Cartel ou Empreendedorismo. Fica difícil roubar tanto assim. Têm noção das suas limitações e AMOR à pátria!

PREGÃO DA ZUNGA !

(Altifalante ligado) ME PERGUNTA NA MINHA BANHEIRA...Hoje tem chá caxinde, kakuso fumado, milho pra kanjika, RABANETES...E NABOS ! Me pergunta só !

ILHA ENCOMENDADA (Para o Santos Virgílio)

Da Ponte a Ponta da Ilha de Luanda há muito que se lhe diga!
Agora que estou para lá dos Cinquenta Cacimbos, revejo todos os dias passagens da minha infância nada inocente, pois comecei a viver os problemas da terra muito cedo. Começando por muitas vezes andar descalço com os pés bem assentes na terra.
Tudo começou no Bairro operário, e foi se repetindo no Sambizanga, Bairro Indígena, Bairro Social de São Paulo e Cassenda. Mas sempre com passagens pelas areias da Praia da ilha de Luanda, precisamente na Zona do Marítimo, no bairro antigo aonde viviam os meus tios Mário Soares de Campos o Dadinho, oculista de Profissão e a Antónia Monteiro Soares de Campos, a famosa Dona Antónia, enfermeira, Titita para a família. Ela é filha da princesa da Ilha de Luanda Maria Menezes, como já perceberam, Anazanga.
Durante as férias grandes da escola, que no tempo colonial, gozava-se no tempo das chuvas em que o sol não era tão abrasador como o que recebemos hoje, também para todos quando nasce. Escolhíamos quase sempre como "Colónia de Férias" a casa deles. E Juro, eram as melhores férias das nossas vidas ainda de tenra idade. Os sobrinhos "Caiam " lá em peso porque próximo das nossas casas não havia mar, ficava longe! Recordo-me da gentileza deles em receber-nos, por vezes mais de seis (6) e eles já com um número a considerar de filhos, nosso primos, alguns mais velhos com separação de décadas, como o caso do nosso mais velho, Mano Maninho, xará do nosso Avó Joaquim Henriques Monteiro, e do choro no dia da partida porque as férias haviam acabado.
Foi lá onde aprendemos a nadar pois, os meus primos já nadavam como "Peixe", rapazes e raparigas. E alguns de nós tentávamos imitar e escapamos de boas. Porque com a mania de seguir as cegas, apanhávamos Bassulas das ondas naquelas épocas de calemas, mas deu para aprender umas braçadas e nunca ninguém ficou por lá ...Era do tempo em que o pessoal da ilha divertia-se a colocar o pão nos tectos de zinco quando o sol estava no Ponto, para poderem comer torradíssimos ao luar, pois ainda não havia bangas de fornos e fogões. Era um manjar muito apreciado pelos nativos, nós que íamos de Luanda, entenda-se, do outro lado da ponte, desconhecíamos a técnica e regalávamo-nos com o novo pitéu. Atenção, cada qual com o seu. Uma maravilha!

As casas feitas em madeira na época, eram espaçosas, pelo menos os meus olhos de menino via assim e cabia para todos, com direito a quintal aonde eu ouvia história dos kotas e sobre os mais velhos da família que estavam ausentes, por estarem na mata a lutarem para a independência da terra. Sob o luar, eram discutidos assuntos vários. Os mais velhos, primos meus "Autorizavam" que eu escutasse algumas conversas, Por força disso despertei cedo para algumas coisas...A Ilha depois cresceu e os tios por força da melhoria das condições de vida foram viver para o bairro novo, construído próximo a Floresta...As nossas férias continuaram a ser na ilha, pois só mudamos de endereço, mas crescidos e alguns quase com a mesma inocência. Fui-me apercebendo que os tios todos os anos, tinham que comprar nova geleira, porque durante a nossa passagem no período de repouso escolar, nós íamos tirar água da geleira, molhados com água salgada, o que fazia com que os eletrodomésticos durassem menos. O tempo de "Vida útil" era reduzido. Crescemos e nunca desistimos da ilha. Mesmo que já não fosse a casa da tia, a nossa ligação à ilha foi durando durante alguns anos pelo "Cheiro " de sedução que eram as festas da Ilha que não sei por que motivo, acabou. Os festivais de música na Floresta terminaram... Foram nascendo trapalhões espaços que nos distanciaram da Ilha de Luanda, Mas continua da Ponte, passando pelo Lello até a salga onde molhávamos os pezinhos- na- água, fimbas nas águas da barracuda e piscar o olho ao Farol!

PREGÃO DA ZUNGA!

(Altifalante ligado)...Me pergunta na minha banheira...Hoje tem: Caderno com LINHA para as listas (convites) confusas do PALÁCIO, sacos para tratar Mau-olhado de órgãos AUXILIARES, Jiloji, mabela azul da GAJAGEIRA que vão pra CHAPADA...E muitos RESGATEIROS saqueadores, trasvestidos de FISCAIS municipais E POLICIAS nacionais...Me pergunta Só!

A paróquia ao redor e o seu interior coloquial
Em nome da Santíssima Fátima CELESTIAL.
A clausura total na cadeia colonial
Baptizada com o santíssimo P de Prisão, de Paulo...
Os prazeres biblicamente expostos, na candura afilhada da tortura que se revezam ciclicamente em todos os templos...No reinar dos tempos sinais de uma sina nossa que insinua...PRENDER PARA APREENDER!

Um ano (QUASE) SEM A PRESENÇA DA EDEL NO MEU LAR. Abaixo a EDEL (Mentirosa). Desculpa, é que continuo com problemas de 2013. Parafraseando o Salas Neto: P.Q.P.

25 DE ABRIL DE 1974 E OS ANTIGOS COMBATENTES

Depois de termos ido à escola no período da manhã no Colégio ANANGOLA da Associação dos Naturais de Angola, na Rua António Enes, em Luanda. Dentro do transporte escolar, no regresso, começamos a escutar conversas, entre os professores, sobre o golpe de estado em Lisboa-Portugal. Miúdos como éramos, nada sabíamos sobre o assunto...E fomos levados a Casa que na época ficava localizada no Bairro Social de São Paulo, Rua de Gaia Casa nº 30- B-3. Aonde também morava a professora Lina. Nos mudamos para a B-3 em 1973. Casa comprada antes de os MAKWENZES (Guerrilheiros) regressarem e começarem a "OCUPAR COMO ANGOLANOS". Recordo-me disso para dizer que foi o 25 de Abril de 1974 que trouxe para os mais velhos-Pais, Avós, Tios, etc.- à liberdade. Lembro-me também que foi depois deste acontecimento que conheci familiares meus que tinham ido para o Maquis para lutarem para a independência de Angola. Mas antes de eles regressarem, assisti jovens partirem para às matas de Cabinda em busca de formação política e militar (Ex-presos políticos, artistas, estudantes e bandidos de grande fama). Muitos desses rapazes e raparigas são hoje, parte dos dirigentes que nos calharam. Outros, transformados em Generais com todas às honras e lhes são atribuídos o título de ANTIGOS COMBATENTES. Como pode isso ser possível se o tempo de luta contra o colonialismo português terminou em 1974, ano em que partiram para os CIR-Centros de Instrução revolucionária? Mas eles dizem que sim. Merecem o título porque foi após essa formação, às pressas, que combateram nas cidades contras às forças dos seus irmãos da FNLA, UNITA, MPLA-Chipenda por não quererem sentar para conversar para repartir ideias e ideais. Mais tarde os mercenários e Sul-Africanos serviram como desculpa. Hoje, pavoneiam-se com tais condecorações, como se tivessem prestado um grande serviço à pátria.

Que a terra lhes seja leve!

PREGÃO DA ZUNGA!

(Altifalante ligado)...Hoje na minha banheira tem: POLICIA gatuno, assassino, ARMADOS em bons, DESARMADOS de SENTIMENTOS...E muito sangue DERRAMADO pelas minhas irmãs/irmãos que dia sim e dia também, saem em busca de PÃO para os seus e REGRESSAM quase sempre com uma BALA NA CABEÇA ou com escoriações DIVERSAS! Me pergunta só!

PREGÃO DA ZUNGA!

(Altifalante ligado)...Me pergunta na minha banheira! Hoje tem: ESQUADRO, Prancha, pranchinha e PRANCHETA para desenhadores PROJECTISTAS, Porta Minas, CALCULADORAS, compasso, BORRACHA, tinta-da-china, manual de construção de AEROPORTOS*...E muita BORRADA! Me pergunta só!

*Quando descobriram que o projecto para a construção do Novo aeroporto de Luanda (NAIL) foi mal parido.

PREGÃO DA ZUNGA!

(Altifalante ligado)...Me pergunta na minha banheira...Hoje tem: Borra (da) s de (vinho) TENSÃO SOCIAL nas VERDADES da VERA DAVES sobre as verdadeiras INTENÇÕES do FMI (ditas em Londres) que chegaram À LA CARTE (LAGARDE*) aos nossos pratos como DOCE DE CÔCO...LIXÍVIA para desencardir às teimosas BATAS BRANCAS das nossas escolas de VIDA...Mangostão e Pitaya da TAILÂNDIA...E muitos TERÇOS DE MADEIRA. Me pergunta só!

*Nós e o FMI

Na minha PAUTA, o Kisanji e a Nicki Minaj...
Respiram MÚSICA!

Num Onze fresco dia de Junho de 1966
Nasci negro nu em completa penumbra na primeira hora
Na rua J do meu B.O…
Foi assim que cá cheguei.
Festejado sem dinheiro…
Aquilo que o João meu tio me apelidou NGADIAMA !

EU COMO VINHO, VENHO-ME…

Encorpado….

Banho-maria

…Depois da Ressaca eleitoral estadunidense, resta-nos pensar nas nossas que em 2017 acontecem.
Desde as primeiras eleições que os "nossos" partidos, pelo menos os com maior PUJANÇA vão buscar assessoria estrangeira para ajudar na "luta" da Campanha Eleitoral. Mas agora com os MARKETEIROS de Serviço, que eram contratados do outro lado do Atlântico, a preço de KIMBERLITOS, no primeiro País que nos reconheceu como republica… a serem LAVADOS à JATO. Será que finalmente, como faz o Osvaldo Gonçalves, colhe e come o que planta da sua horta? Pois, este país já plantou desde 1975, tantos Politólogos, Engenheiros, Doutores, Empresários, Mestres, até jornalistas para não dizer que me gabo. E dificilmente "come" os frutos do que plantou, deixando-nos em dúvida se o dinheiro gasto na formação dos cidadãos não foi em vão. Mas acredito, que dessa vez o dinheiro que era exportado antes e depois das CAMPANHAS ELEITORAIS (Não dependendo do resultado), ficará em Angola. Eles, políticos, só nos têm a nós e em KWANZAS. No aproveitar está o ganho, já dizia o outro. E assim começarei a acreditar na diversificação da Economia (diminuindo o número de desempregados) e assim ALAVANCARMOS o País!
ACREDITO QUE O 11 DE NOVEMBRO DE 1975 NÃO FOI EM VÃO!

O umbigo amigo!

E tudo que pariu…
Agradeço!

SALDOS DA VIDA

E por ser hoje o dia primeiro...Resolvi pensar (Coisa nada fácil, confesso) em como serão as nossas relações, com a malta dos" grupos" MANDA SÓ UM SALDO, GASOSA.S. A. e tantos outros, como o dos APROVEITADORES LIMITADA, etc.
Aumentarão os números do MUXOXOS (os estrondosos e os por entre dentes) e algumas desqualificações...O cidadão que antes te ajudava a levar as compras, lavar o carro (Por fora), desapertar aquela porca calcinada, entre outras tarefas e que depois pedem, apenas, um SALDO, uma GASOSA , que nós automaticamente traduzíamos em MIL KWANZAS. Temos que estar preparados para ouvirmos... ISSO NEM DÁ PARA COMPRAR UM SALDO!

Por hoje meus Kambas, estão todos SALDADOS !!!

Se eu morrer (pra vocês)

Espero que se recordem de mim:
Alegre
Bem-disposto
Parceiro
Companheiro
Inteiro

Se eu morrer (pra vocês)

Que se lembrem de mim:
Na escola, na bola, nos livros, nos discos (Canções), nas discussões (Sobre tudo e nada)

Se eu morrer (pra vocês)

Que rezem uma missa ecuménica (Com todas as religiões)
Até as espíritas tb podem vir ao meu Tambi
Se ainda tivermos Kimbandas, Curandeiros e outros artistas da vida sobrenatural, também, são bem-vindos…
As Kisoko, como a minha mãe, podem ficar com o dinheiro.
Nao muitos discursos e elogios (Não fui perfeito)

Se eu morrer (pra vocês)

QUE TODOS CANTEM !!!
MONAMI UÊJIA
MONAMI UÊJIA
KIÔSO KI UÊNDA ZÊ
AI MONAMI
UÊJIA KI UÊNDA

UKI LEMBALALA
SANJI KA TOTOLÊ BUÊ ZALA
KI UTEXI ÒH MATE
UTALA KUIÓ MULENGE

ÓH MAKAMBA
MENIÔMO UÂ DIBAKE
ALUKA-ZÊ

UÂ UÊ...LENGA ÓH MAKAMBA
AI MONAMI
UÊJIA KI UÊNDA
Coro:
KI UTEXI ÒH MATE
UTALA KUIÓ MULENGE

Do meu Pai CIROS CORDEIRO DA MATA (23.6.1943/22.6.2009) E o Hino da minha mãe Ana de Miranda Martins Monteiro Cordeiro da Mata(24-07-1939...)
PAXI NI NGONGO
Paxi ni ngongo
Ni maku ku muxima.

Ngana nzambi ngi tale
Nga kalakalami. /x2
Anami alo dila
Nga ndókua banganhi.

Santu iami
Ngi talele ngó
Kazola ngi tale
Nga kalakalami.

CANTEM!

A tentar decifrar a mensagem do NACO na cabeça do NACOBETA...
A rever o SEBÉM na "escavação de fosseis" como Youpop-Hititi-Anão Mará, reencaminhando-os pra LUZ, devolvendo a FELICIDADE!
A apreciar a utilização da DIAMBA Linda-Leve-solta no DURO palco da vida em que alguns usam o KU sem C de CERIMÓNIA.
O meu olhar Lilás no horizonte do PUTO que nos oferece TOCOBINA em passos de uma coreografia Broadway...
Relembrando o poeta que disse: ESTE PAÍS VAI ACONTECER!

P.S. também acredito

APANHA GATUNO.

A ver o filme...
Quando as empresas SEGURADORAS, condicionarem a prestação de serviço a colocação do *GPS nos nossos bens, com o argumento de que aqui em Angola estão a roubar demais...
A Policia Nacional, a aconselhar o cidadão a utilizar o "mano" *GPS nos seus bens, moveis e imoveis, para assim ver facilitado o seu trabalho...
Eu a querer saber: Afinal para que servem as taxas, impostos e outros assaltos ao bolso de que somos vitimas diariamente?
A GALAR os vendedores de *GPS a receberem o prémio do ano como GRANDES EMPREENDEDORES. Nada Contra. Atenção!
Vamos proclamar o GPS como o novo Sistema de Proteção as Populações (SPP)? O nosso novo APANHA GATUNO?
Isso é que vai ser um LAVAR DE MÃOS!

*GPS é a sigla para Global Positioning System, que em português significa "Sistema de Posicionamento Global", e consiste numa tecnologia de localização por satélite. Hoje não quero falar mais da falta de energia da ENDE que se ausentou às 4h da matina. Hoje já não quero falar da falta de água que não passa pelo tubos canalizados da EPAL, sem pressão, até chegar a minha residência. Hoje não quero falar dos buracos nas estradas de Luanda, preparados para receberem chuvas das nossas desgraças, e prepararmo-nos para dentro de dias pagarmos, com a boca seca à TAXA DE CIRCULAÇÃO! Hoje não quero falar, das brincadeiras da SORNA e da SONANGOL que está a brincar de esconde-esconde com o FUEL DIESEL para cimentar más relações. Hoje não quero falar da falta de pagamento aos professores, por isso já ameaçam greve...HOJE NÃO QUERO FALAR!

P.S. Hoje quero ver o Pôr-do-sol!

CONVERSAS NO KANDONGUEIRO!

...Rota Mutamba/Congolenses...Com a porta fechada, escuta-se um Grito: "Também vou !". Chiam os trincos da porta...e o Kobele* ordena: Emagrece, não tás a ver que tem mais um, encosta bem aí na Tia... Arranca Compadre! Fecha a porta! Responde o motorista. Sentado na segunda fila das cadeiras vermelhas, está um recente" desalojado" do Património Nacional BALEIZÃO, que vai até ao bairro dos SAIOTES alugar uma carrinha para levar tudo o que juntou durante os anos que sobreviveu na Baixa. Ali mesmo no edifício histórico. Cabisbaixo vai desabafando, ao ponto de lamentar a falta de desorganização transmissível que o GPL possui. Uma senhora a dada altura pergunta: Porquê, meu filho? Ele responde: Mãe, hoje escapamos morrer. O TETO que nos abrigava caiu...Tivemos que chamar os que mandam (Administradores, Bombeiros, policias etc.) na ZONA. Chegaram todos cheios de ideias e propósitos. E como solução, já que lá vivemos 24 famílias...Ouvimos da boca da Presidente da Comissão Administrativa de Luanda a SABULAR que hoje, haviam de nos arranjar umas TENDAS para nos abrigarem, por não estarem em condições de fazerem mais nada. Mas minha Mãe eu pergunto: Quando retiraram as pessoas que viviam no prédio TREME-TREME que até nunca foi classificado, porquê que não nos levaram também, se as condições DESUMANAS eram piores?

Pronto, vamos só já cumprir para não nos chamarem de LEBERDES ou révus e perdermos à VIDA aí. Mas os nossos irmãos da BOAVISTA, ILHA DE LUANDA, até hoje não conseguiram transitar para habitações de construção definitivas. CONTINUAM nas CHAPAS...As tendas para alguns dias...Já rasgaram! ASSIM ESTÁ BOM ?...Fico aqui! Gritou um dos passageiros...Ao descer, ainda teve tempo de dizer: Coragem meu irmão...ELES NÃO QUEREM SABER DE NÓS! É TUDO TRUQUE! E o Kobele intrometeu-se: Xéééé num agita! ARRANCA!

*Cobrador

CONVERSA NO KANDONGUEIRO

Na Rota Calemba /Rocha...Na baúka o cidadão lamentou e disse: Definitivamente, não teremos cemitérios suficientes. Só hoje fui à dois enterros. O primeiro foi do Herói Nacional Camarada Ordens Superiores. Funeral digno de um combatente da primeira hora. Fez e desfez muito por nós. Era o Agente Secreto 001...Alguns mesmo que nunca lhe viram, sabulavam que eram PRIMOSCOMOIRMÃOS e outras vigarices! Mas o que mais me doeu, foi o enterro dos Revús (antipatriotas da VERDADE...).Muitas viúvas e Órfãos. Até cantaram aquela música "Vou morrer em Angola, com arma de guerra na mão e lá, lá lá"...Afinal são filhos bem-amados DO POVO ANGOLANO. O cobrador (Kobele) bravou e disse: Aqui não é para falar dessas coisas Tristes...Acelera e põe o LHE AVANÇA da Dia e Noite ou Noite e dia...

DEPOIS DE (quase) TUDO...

Revejo palavras de todos que por aqui passaram e deram o melhor...
Na mesa inclinada do Bar (uma cápsula para equilibrar), vem-me à "canção" O DIA DA CRIAÇÃO de Vinícius de Moraes que a certo momento diz:." Impossível fugir a essa dura realidade
Neste momento todos os BARES ESTÃO REPLETOS DE HOMENS VAZIOS"...Assusta-me!
No banco do engraxador da Mutamba, do lado esquerdo da estátua do ESTADO DA NAÇÃO, chegam-me mensagens esdrúxulas anunciando que devemos todos estar conscientes que se trata de um processo que exige algum tempo para se afirmar e consolidar...Preocupa-me. A Baúka do candongueiro (ILHA/kINANGA), escuto o Kuduro dos SEM NOÇÃO com ecos de um Evangelho do antigo TESTAMENTO...O mau costume!
Na berma da estrada, leio BUS e reflete-se a imagem do OBUS da minha MUTILAÇÃO...
No Maximbombo da minha IMAGINAÇÃO viajo com às expressões do Malé Malamba que um dia descobriu que ELES PERDERAM" A NOÇÃO DE LUGAR"!
Na linda triste CRUEL canção de Sérgio Sampaio na voz de L. Melodia, assim: "TUDO JOÃO, nada na mesa
Deu no jornal, mãos na cabeça
Um marginal que já não pode mais fugir
Vai reagir" (...)

...A subir à CALÇADA DOS ENFORCADOS, "todo mundo" reparou na camisola amarela que o CHINÊS trazia. Nas costas estava escrito com letras pretas, grandes e gordas: ANGOLANO É KILAPEIRO / 安哥拉的 Kilapeiro !
P.S. Não casei com Angola em comunhão de bens adquiridos e nem na Igreja. Xau, yá !

DEVER ser DURO para um homem, ausente, apaixonado relembrar-se de quase tudo da sua amada (olhos, pele e até do sabor do beijo) e não se recordar da cor do Cabelo da amada...Porque desde o primeiro dia, várias Perucas e Tissagens passaram pela cabeça dela, e agora não há memória...QUAL A CÔR DOS TEUS CABELOS?

Depois da grande LUA
Disse: Sou só TUA.

SAUDADE DE TI

Скучаю
Nakukosa
Saknar dig
'Ōfa atu kiate koe
Özleyeceğim
Nhớ em
Miss you
あなたがいなくて寂しいです
rindu awak
מתגעגע אליך
Tu me manque
Μου λείπεις
तुम्हारी याद आ रती तै
Te extraño
想念你
Werde dich vermissen
Et trobo a faltar
أفتقدك
당신이 그리워요
MEU PAI!

Mabangas na Quarta-feira
A banga nossa, sem BEIRA, a ser cantada por alguns jeitosos.
Num Cinzento dia em quarta de CINZAS.
AS MASCARAS (do entrudo) continuam no CHÃO e a deslizarem para o esgoto dos DESAVERGONHADOS, sem FILTROS (com tudo)...

O GAGO e o galo, cantam.
O GALO desperta.
O gago ENCANTA.
Mas, é tudo música em pauta e (a)notada.

KUDURO ESPERANÇA

Mexeram no nosso Cimento
Eu me meto...
Olhos nos olhos!
Olho nos olhos!
Mexeram sem o meu consentimento
Eu me meto...
Agarrei no Fio-de-prumo
Olhos nos olhos!
Olhos nos olhos!
Vou medir para vosso contento,
O jogo Monopólio que não comprei.
Vou dar de Bandeja, ESPERANÇA!
Olhos nos olhos
Prometo!

Eclipse total!
Até quando Angola aguentará?
O ser e não ser já cansa...
O faz de conta de que...Nem nos dias menos!
Até quando Angola aguentará...Eclipse total?
Tudo opaco, na disputa em palco.
O tom e a voz, mal ensaiadas...
Até quando Angola aguentará,
UM CONTRA MILHÕES?
Praga!?

A pólvora
A Bala
Perdida à Vida
Ávido de tornar sonho realidade, qual fogo de artificio!
Usaram os artífices,
A bala,
A pólvora.
Perdida nos restos dos rastos de sangue, do cérebro jovem perfurado
Na anedótica BALA perdida…
Com sobras de PÓLVORA na mão assassina,
A procura do culpado:
Sir Muadiakimi ORDENS SUPERIORES.
Como dizia o Jakim*:" O MBÔTE A ISÔTA, O RIVÛA A RIKINGA".**

*Joaquim Dias Cordeiro da Mata

** O bem procura-se, o mal espera-se.

Bebo leite
Corto queijo com canivete
Acredito no enfeite-rosa na lapela do casaco do deputado…
Aguardo pela saída d'agua igual palhaço!
Ah … os políticos sabem fingir. Magos," artistas" com carteira profissional.
As colheradas, engulo os seus discursos-promessas.
Bebo leite,
Aconselham-me magnésio.
Politica, um deleite!
Penso assim,
Sim.
PoliticÚs…
Não vos engulo!

PÔR O SOL DEPOIS...

Do beijo roubado
da pisada discreta
do roçar de ancas
da carteira roubada
do passaporte expirado
do Xééé de atenção
do muxoxo de desilusão
na Kitanda...
DE TODOS OS PROBLEMAS DO DIA!

DESCOMPASSOS DA NOVA REPÚBLICA
As lágrimas e a idade...
Os desencontros (nos centros culturais) da cidade...
Promessas grávidas de caducidade...
Aumenta à dor e o odor nauseabundo ao descobrir quem nem todos ARTISTAS cantam!

Dor...
REPOUSA!
Dor...
REPOUSA,
A DOR!
Tua, Nossa!
Tu...NOSSO André !

*André Mingas

...As CAMPANHAS ELEITORAIS e o vale tudo (Prometer, mentir, sorrir, beijar, abraçar e até iludir...) SEM REMORSO!

Água, ESTATELADA AO COMPRIDO, que cai das pálpebras das nuvens... Transformada em mágoa que magoa à sede!

OS DENTES e nozes
Pendentes e VOZES
O CANTO e o galo
O sapato e o CALO
O BRAÇO e abraços
O passo e a VIRILHA
O LOBO e a matilha
A vida e a ARMADILHA
A BOQUILHA e o sarro
A ilha e o CARRO…
TEU.

NOVO EP*.
Nos levaram na má vida !*
O JOES e os Filhos, MV e o Fizz, NG e o BV, BK e o SB,(...) todos Zenu kia !
Nos levaram na má vida!(Bis 500 vezes)
PRUKÉ !?!?(Bis 1000 vezes)
A culpa não pode morrer solteira, a culpa não pode morrer solteira, a culpa não pode morrer solteira, desta vez!

* Inspirado na música de Mauro Prastana.

...Tão falsos como à luz, quando nada produz!

CHUVA! Acredito que cada GOTA caída, é mais uma lágrima pelo sangue derramado CÁ ou em GHOUTA*!

- Região da Síria

A Diva,
O Divã
A divida.
A Diva
Vã.
A Diva,
Dividida
Em sua ausente
Mente Sã!

Quando chegar à Cidade Alta e ao "Altar" exaltar o meu Alter Ego...Quero Opiniões!?

É PRECISO LIBERTAR A LIBERDADE!

A tentar pôr o Sol ENTRE DEDOS, enquanto os olhos festejam o Pôr- do-sol!

POEMA DO DIA
O ancião foi à primeira Ceia.

O namoro
A paixão
O amor.
Continuam a produzir o Licor que me embriaga…
Nos lábios, TEUS.

Depois de me embriagar no Licor dos teus LÁBIOS…
Só, me pareciam SÁBIOS!

A LAGOA, a água e a Mágoa.
A lama e a ALMA.
A cama e a fama no RALO...

TEMPO DE ANTENA (kilapanga)
Miiuuux (x6)
Wawééé !(x6) - Coro
Ngonguéé !(x6)
Num tá mbora bom!(x6)
Querem nos meter na Kapanga wóó !(x6)
Estamos antenados wé !(x6)
D'um Coro vamu galando xé !
Wawéé !(x6) - Coro
Pra vê quem fica e quem vai pró... (x6)
Yoyóta Zé (x6)

Hoje, dia das BRUXAS para alguns, Mas aqui, parece que o dia é comemorado os dias todos, por ALGUNS. Até as próprias, comemoram! Os Kimbandas só olham!

Hoje
Xingaste-me todo
Mas não vinhas Amada.
Ontem Xupaste-me a rodos
E foste-te Amada.
No meu sonho daquele dia…
Em que vi víamos a mesma Lua
Eu acamado, tu Mal-amada.

Trong tình yêu làm cho
Có thai không vừa lòng
Sự chặt chẽ giường trần truồng
Undaunted, cho đến khi ông rơi vào giấc ngủ.

E o amor…
É assim!
Duro (A?)
Como Pedra.

Aqui está o que é meu,
o Céu continua nublado!

POEMETO
Nós às voltas, nas corridas com as berridas.
Com as nossas, e as que a vida nos prega...
É oficial...bastar ter uma Bina e continuarmos as VOLTAS, primeiras Pra Alguns, na CICLOVIA da DIMBINZA e nós à GRITARMOS: Angola volta...VOLTA ANGOLA, TEUS FILHOS PRECISAM DE TI.

A chuva terá NOÇÃO de como se destrói uma NAÇÃO?
Ou a sua CANÇÃO é uma BÊNÇÃO?

Um dia verão que no Verão,
nem tudo que Brilha é Sol!

COM ANGOLA
Crer, criar esperanças falsas.
Respirar Monóxido de Carbono.
Inspirar incertezas "Puras", que nos atormentam (A Vida COMUM).
Soberano, o nosso, FUNDO nunca profundo que beneficia o KAMBA DYAME…
Estamos todos na corda e com ela, a saltar no pescoço BRINCANDO NA SELVA AUTO- ESTRADA DOS ENGANOS…NÚMERO…

Với niềm tin cà phê
Untei số phận của tôi.
Với túi mật mật ong
Tôi đã vượt qua các mỏ của tôi.

Com Café & Fé
Untei a minha Sina.
Com Fel & Mel
Pisei a minha Mina.

Padres em nome nosso comunicam com o Além.
Políticos em nosso nome prometem fazer o bem... Acólitos, alcoólicos...TODOS anónimos!

Mesmo com o Tambi* do Nelo do paralelo, e as gotas (choros) do espaço-
Temos que aguentar e caminhar firmes!
*Óbito

...Depois do Pôr-do-Sol, o brilho da Lua e o regresso do Sol (Mimoso) para desfeitear o PENÚLTIMO BAILE DA MONARQUIA ANGOLENSE!

在爱中

怀孕的不满

裸床严谨

丝毫不气馁，直到他睡着了。

No amor feito
Ficou gravida de desprazer
Nu rigor do leito
Impávido (ele), até adormecer.

MI
EM CIMA DE SI
SEM DÓ…
RÉ (VÊ) O MAR
FÁ (Z) O LAR
SÓ NÃO FICO
LÁ!

Dedilhar a nota Si
Sem sentido!
Mi parecia Sustenido...

(Notas identificadas: dedilhar a nota E, sem sentido Eb, Mi (E) parecia um B#!) Leituras feitas pela Eunice José/ Afrikkanita .

A pensar que ainda vou a tempo de concorrer ao PRÉMIO NACIONAL DE CULTURA em literatura com o Livro/Obra "Como Enganar o Nosso Presidente da República sem Pestanejar". Depois de vários discursos em que se parecia terem sido feitas todas as contas sobre a forma de agilizar o pagamento/colaboração na gestão do LIXO. Escuto, hoje, que as contas e previsões estavam mal concebidas, mal feitas. Prometeram "solucionaúticas" como dizia Odorico, urgentes, eficientes e...até a data, os resultados não foram encontrados. "Mentiram", uma vez mais ao Engenheiro José Eduardo dos Santos. Enganaram-nos. O Governo Provincial de Luanda, famoso GPL, está em PARAMPAS. Agora, o pagamento já não será feito, através da ENDE:"ah! Porque a ENDE tinha que comprar novo software..." e outras balelas, segundo um dos Vice-Desgovernadores para a área económica. Sim nas administrações de bairro. E nem sabem quando começará a ser feito. Preparemos os nossos narizes para continuarmos com os maus cheiros. Luanda está "Desbussolada" Desgovernada!

ILHADO

Ver o mar…

Olhar as ondas,

Verificar as pedras que quebram canelas.

Krioulas aproveitando o Sol-vento, em BARLAVENTO para manter o "BRONZE MATERNO" reflectido nos Olhos MAR!

Revivo momentos únicos.

Mas, meus!

Aproveito para usar a minha Bússola sentimental, e prevejo " Sodade", na véspera de mais um " HORA DI BAI".

A " Tia Linda" que encontrei, hoje, NA CIDADE VELHA com o segundo poder, depois do padre…

De nos escancarar as portas da igreja primeira das ilhas.

ARQUIVA IMAGENS, HISTÓRIAS VIVIDAS, OUVIDAS. Não fosse ela, vizinha!

Filha de algum …?

Mas continua o dia com muito vento, e algum Sol!

Continuo a ser amado…

Em Barlavento, ILHADO!

8-07-2014

CONVERSAS MAL NUTRIDAS E SENSÍVEIS

Nos dias de hoje, somos quase sempre confrontados com "receitas" de todas as maneiras e feitios para melhorarmos a nossa "Quantidade" ou qualidade de vida, como se ela, a tal, fosse eterna e os MÉDICOS EM EXTINÇÃO...Mas mesmo assim, vamos acreditando e desacreditando no modus operandi das mesmas, para qualificar o modus Vivendi. Quem de nós ainda não ouviu, por vezes com atenção e outras por distração conselhos (Sempre de graça) para que não comamos isto ou aquilo, porque aumenta ou diminui alguma coisa (Do leit(o)e ao cabelo)? Sensível como sou, sem me gabar, vou enchendo-me de tantos palpites...Mas é que todos os dias, para não dizer a cada minuto, cada um vem com a sua receita para "curar" alguma maleita...Alguns ficam à beira de lhes mandar passear, mas como a educação não permite vou engolindo à seco (Será por tudo isso que estou a aumentar de peso?) ou molhado...Repito: Eu sou muito sensível!

É de todos sabido que os chineses, dentro do pacote de OMO DO EMPRÉSTIMO vieram com tudo (do Zungueiro ao Alfaiate) e, com todas às artes marciais e marcianas...Mas é de um atrevido alfaiate ou alfaiate atrevido que vos quero contar...Depois de tirar todas às medidas com a fita métrica e feitos os devidos apontamentos...Acertamos que a PROVA seria despois de dois (2) dias...Chego e começo a fazer a tal de prova...Tira alfinete daqui, coloca ali e outros "malabarismos" que quem frequentou modistas de outros tempos percebe...liguei o meu RECLAMADOR OFICIAL (Sem INADEC) e pedi que desse mais folga, pois sentia-me um bocado "apertado"...Mas como a roupa da prova já estava quase toda em costura definitiva, o PROVADOR numa língua percetível (Quase português) diz: VOCHÊ FICA BEM COMO XTA! Respondi: QUERES GOZO? E ele na maior das calmas informou-me: Vochê gastla muÍntlo texido...É MUÍNTO GLANDE! Sorri e pensei...Até este CHINOCA do LEE com palpites sensíveis...Sorte ou Azar?

Na areia da praia

Encontrei tua saia…

Veio nas cristas das ondas do musulo

Velho.

Na areia da praia

Encontrei teu dedal

E da tua vida, o pedal.

Na areia da praia

Decifrei teu sinal

No piscar de olhos do sol (quando às nuvens passavam)

Que me apontavam o dedo para o final

do dia…

Na areia da Praia!

PREGÃO DA ZUNGA!

...(ALTIFALANTE LIGADO)...Me pergunta na minha banheira... Hoje é para dizer que: Não sou BILIONÁRIO, MULTIMILIONÁRIO . Não participei do BANQUETE da soma, SUBTRACÇÃO, multiplicação, DIVISÃO. Tudo que NÃO TENHO, consegui com o SUOR DO MEU ROSTO(posso provar) calcorreando às ruas que os meus pais me deixaram para passear e vender e hoje vocês obstruem (Sem saber porquê)...Também mereço O MEU PEDAÇO DE PÃO, como escreveu o poeta . Os ELEITOS ficaram com TODA PADARIA!...Me pergunta Só

PREGÃO DA ZUNGA !

(Altifalante ligado) ME PERGUNTA NA MINHA BANHEIRA...Hoje tem linguado, cachucho, peixe balão, RAIA MIÚDA... GATUNOS DO ERÁRIO PÚBLICO muito PATRIOTAS , ANTIPATRIOTAS PROFESSORES HONRADOS e filhos da pátria q.b. Me pergunta só !

PREGÃO DA ZUNGA !

(Altifalante ligado)...Me pergunta na minha banheira...Hoje tem inseticidas, fósforos para ESPANTAR... sumo de frutas, carne, peixe, xarope de gengibre para ATRAIR*. Óleo vegetal,óleo de EUCALIPTO ,Roupa GROSSA , vestimenta de APICULTOR, óculos e toda parafernália para AFASTAR da sua casa MARIMBONDOS...Me pergunta só!

* Os marimbondos também têm o seu lado bom. São predadores de muitos insetos nocivos como cupins(Baratas Sociais), aranhas, formigas, lagartas, gafanhotos e mosquitos, entre eles o Aedes egypti, transmissor da dengue.

PREGÃO DA ZUNGA !

(Altifalante ligado)...Me pergunta na minha banheira...Hoje tem uma TROUXA de roupa SUJA à feder(Todos sentem o cheiro das execuções ,do lixo,do bacilo de Koch nos PRATOS VAZIOS) nas MENTES desumanamente OCAS, sabão , lixívia...E ninguém quer pegar e colocar a ROUPA na máquina justa da justiça. Preferem lavar às mãos como Pôncio Pilatos , difundindo DESMENTIDOS a torto e a DIREITO e no avesso . Me pergunta só !

PREGÃO DA ZUNGA

(Altifalante ligado)...Me pergunta na minha banheira...Hoje tem. panela com tampa, esfregão, cafeteira para chá (depois de lavar também pode servir pra café do Uíge),colher e pente de pau, caneca de alumínio, palitos, guardanapos(para limpar a boca e lágrimas)...E FECHADURAS e CADEADOS bons para PRISÕES DOMICILIARES ! Me pergunta só !

PREGÃO DA ZUNGA

(Altifalante Ligado)ME PERGUNTA NA MINHA BANHEIRA...Hoje tem Misangas, chouriço, cebola, tomate, alho de kimbundu pra cozer com carne seca de javali ,agulha e linha para coser ESPANTALHO, dedal, alfinete , NARIZ DE PALHAÇO...E MUITOS PASTORES(Civis e militares) POR METRO QUADRADO. Me pergunta só !

PREGÃO DA ZUNGA !

(Altifalante ligado)...Me pergunta na minha banheira...Hoje tem Chá de Coqueiro, Quicaxi e MARCELA para curar paludismo; Mbrututu para hepatites; Mel de Abelha para misturar com limão para curar Gripe e outras makas da GARGANTA ;Ngandiadia, Gipepe, XANDALA, Timba-Timba...E 49% de SONHOS ADIADOS. Me pergunta só !

PREGÃO DA ZUNGA !

(Altifalante ligado)...Me pergunta na minha banheira...Hoje tem : Carapau do Cunene, , Sardinha do Namibe, Laranjas e Toranjas do Loge, embalagens de vidro da VIDRUL,

farinha de trigo LIMPO, açúcar MASCAVO de Benguela, água

de mesa do Rio KWANZA, feijão MANTEIGA de Malanje, ovos do KIKUXI, óleo de palma do Kwanza Sul,

cebola do Waku Kungu, sal de Cacuaco cimento da CHINA...E muito CARAPAU DE CORRIDA ! Me pergunta só !

PREGÃO DA ZUNGA !

(Altifalante ligado) ME PERGUNTA NA MINHA BANHEIRA...Hoje tem Mangustã do Luvu, Lichia,alho francês ,carambola. gajaja,Múkua, farinha FINA ...E muita FALTA DE CARÁCTER ! Me pergunta só !

PREGÃO DA ZUNGA !

(Altifalante ligado)ME PERGUNTA NA MINHA BANHEIRA... Hoje tem LULA, camarão, MEXILHÃO , espada, DEVOLUÇÕES ...E MUITO MEDO DOS GOVERNANTES. Me pergunta só !

PREGÃO DA ZUNGA !

(Altifalante ligado) ME PERGUNTA NA MINHA BANHEIRA...Hoje tem CAPIM de Deus, tomate, kola, bagre FUMADO, café, gengibre...E CORDA QUE SÓ REBENTA DO LADO MAIS FRACO. Me pergunta só !

PREGÃO DA ZUNGA !

(Altifalante ligado) ME PERGUNTA NA MINHA BANHEIRA... Hoje tem CONSELHO com todos , FARDO de problemas, barras de sabão azul , REPELENTE contra malandros. E SAPOS para engolir ,com ossos ! Me pergunta só!

!OCTAVIANO CORREIA

(In Jornal da Madeira)

No tempo das lojas cheias de nada

ME PERGUNTA SÓ!

Opinião | 30/03/2018 01:00

Hoje, Luanda é, como já disse um dia, um grande mercado a céu aberto. "Tudo se vende. Tudo se compra. Diz o angolano".

Há muitos anos, ainda nos primórdios da Independência de Angola, quando a maioria das lojas, e não só, encerraram pelas mais diversas e, por vezes, imaginadas razões, pela fuga dos seus donos, surgiram, pelas cidades angolanas, a par dos mercados tradicionais com muitos anos de existência, pequenas barracas, um pouco por todo o lado, ou tão somente vendedores, melhor dizendo, pela maior percentagem, de vendedoras que apregoavam produtos dos mais diversificados e mesmo estranhos.

O povo angolano, não obstante as dificuldades, guerras, faltas, vicissitudes porque tem passado, vem mantendo, a par de um espírito de aceitação, o que não significa exactamente resignação, um notável espírito de humor.

Vem isto a propósito de um post que amigo meu colocou no Face Book, bebido, que é como quem diz ouvido, certamente, nalguma rua da Luanda «PREGÃO DA ZUNGA! (Altifalante ligado) ME PERGUNTA NA MINHA BANHEIRA... Hoje tem CONSELHO com todos, FARDO de problemas, barras de sabão azul , REPELENTE contra malandros. E SAPOS para engolir, com ossos ! Me pergunta só!».

Este é, certamente um dos muitos pregões da zungueira moderna, (zunga, para quem não sabe, é a venda ambulante que prolifera, até hoje e mais do que nunca, pelas ruas de Luanda e zungueiros os que a praticam, agora já munidos de tecnologia sonora com a mensagem gravada, que apregoar um dia inteiro, calcorreando ruas e travessas ao calor de Angola, cansa, arrasa.

Mas se noutros tempos, quando zungueira era ainda "quitandeira", o espírito e a capacidade de muitas delas enfrentarem, com um sorriso, e análise crítica, a crise causada pelas fugas e abandonos dos comerciantes, já era notável... «já temos tudo, já temos a cólera, já temos o paludismo, a febre amarela... compra sabonete, compra sabonete especial, cura até a sarna!".

Hoje, Luanda é, como já disse um dia, um grande mercado a céu aberto. "Tudo se vende. Tudo se compra. Diz o angolano". E os zungueiros e zungueiras, que os há de ambos os sexos, são o retrato fiel desta afirmação, seja exibindo as suas mercadorias pendentes das mãos, pregadas em improvisados mostruários, aconchegadas em baldes ou banheiras, alguidares ou kindas.

E a capacidade de sorrir e fazer sorrir não se perdeu. Fazer humor com as dificuldades e faltas, com as dores, adversidades e tribulações, mais do que uma simples forma de mitigar desditas e contratempos, é, também, um estilo de marketing aprendido nos caminhos dificultosos do dia-a-dia, agora modernizado com o recurso ao altifalante e, quem sabe, às "pen drives" gravadas, que o calor, o pó das ruas e o palmilhar caminhos e travessas faz suar, fatiga e estorva a voz.

Me pergunta só!

Posfácio de Maurício Caetano

De olho no "Pregão da Zunga"...

Eu ando distraído...ou a banheira do Paulo Cordeiro da Mata, não deixa calcorrear o pregão da sublime pena de "Tudo isso Aconteceu".
É que lá para as bandas do Misoso, havia uma pena que falava dos Ecos da Minha Terra, que podendo não ser reais eram todos verdadeiros.
Uma pena que contou com rara mestria de como as Nuvens Ficaram Verdes e numa ode a um tempo que se adivinhava...entre Flores e Espinhos se Resgatou Uma Falta de Educação.
A pena, que escrevia o que a alma pensava, falou do Uanga, do kiilandukilo, de um Ilundo de espíritos e ritmos, da Izomba, e de um tempo em que se Sunguilando se Cultuavam As Musas em rara beleza poética.
E de sobra...de esquebra mesmo...da compra de todo dinheiro que voltava troco de rebuçado, a pena pintou quitutes que se degustavam pela avidez do olhar, sedento de angolanidade gratuita, nas letras altaneiras da nossa Alimentação Regional Angolana.
E qual artesão do adorno, escreveu com a sublimidade do olhar roubado o (prefácio) o Dicionário de Regionalismos Angolanos.
Sabes Paulo?
Há coisas incontornáveis...
Põe "só lá na tua banheira" ou na "estante feicebokiana" o pregão desta pena e deixa que a Zunga, o vento e a alma da nossa gente, façam o resto.
"Faxavor", ya...
A Pátria literária...agradece.

DEDICATÓRIAS

Aos meus pais, Ciros Cordeiro da Mata(Santana da Babel) e Ana de Miranda Martins Monteiro Cordeiro da Mata(Kuto)
Meus Irmãos de facto e de vontade…
Aos meus Filhos de facto e de vontade em especial ao Djavan Paulo Martins Cordeiro da Mata cá e Djordany Paulo Martins Cordeiro da Mata lá… A minha Companheira Neusa Sambo Martins Cordeiro da Mata.

P.S. Aos Politicos(Maus) angolanos. Vocês são também a minha inspiração!

Índice

Printed by Books on Demand GmbH, Norderstedt / Germany